對，我月經來了

100個女生有100種經期，直面身體的誠實對話

吳玥周／著

林蓮瓊／繪

從說說開始的月經行動

臺大醫學系、臺大月經課主授開課教授 黃韻如

經過一整天緊湊的世界衛生高峰會，我坐在柏林希爾頓飯店的酒吧吧檯，準備小酌一杯之後就要走回不遠處下榻的飯店休息。

身旁一位非洲裔的年輕女性，已經坐在吧檯獨飲一陣子了。她向酒保又點了一杯特調雞尾酒，用帶著英國腔的英語說：「希望這杯也不會讓我失望！」

一個人坐在酒吧的吧檯獨飲，總是免不了主動或被動的攀談搭訕。這天，我決定主動，開始與她聊了起來。

她來自納米比亞，剛加入第一夫人Monica Geingos的團隊擔任助理，夫人以Organization of African First Ladies for

Development (OAFLAD) 的現任主席身分受邀在這次大會上分享，她便跟著夫人一起來參加 2022 世界衛生高峰會。

OAFLAD 聚集了非洲各國的第一夫人們，運用夫人們個人以及集體的社會資本，以柔性外交的方式在許多議題上為非洲的發展目標發聲。她們在健康議題方面例如 HIV ／愛滋病、婦女權益等等與聯合國下的不同單位合作，對公衛醫療健康政策做出影響。

納米比亞即將在境內計畫推動一個青少女性教育行動診所方案，這個行動診所方案，是特別針對境內的一群少數民族 Himba 族而發想的。這群人過著類游牧般的生活，在數個地點之間移動，因此要針對他們提供任何的社會服務都需要仰賴高移動性的解方。納米比亞想要透過行動診所的方式，對 Himba 族的青少女提供性教育的服務，以及必要的生殖醫學診療。

身為臺大「月經：理論、思潮與行動」通識課程的開課老師，我想到的第一個問題就是，Himba 族的女性在游牧之間，是如何面對初經與處理月經的呢？

這一問，可把這位夫人助理問倒了！她從來沒想過這個問題！

月經，從沒有讓我失望能打開所有人的話匣子。她頓時好像腦洞大開，興奮地聊著，接下來的談話內容就圍繞著臺大月經課如何透過教育讓年輕人從月經了解兩性還有背後的許多連動議題。

　　在任何一個時刻，這世界上有一半是曾經經歷月經、正在經歷月經、或即將經歷月經的人口。月經是如此的普遍，但我們對月經的了解卻常常停留在「女生每個月會流血」的粗淺知識上。不僅如此，月經也被標記著許多刻板印象與迷思，伴隨而來的是去脈絡化後的汙名化與禁忌，月經成了那個大家就是無法公開談論說出口的名字。

　　那麼要如何讓大家開口談論月經呢？

　　臺大月經課的開課願景，就是希望透過教育的力量，賦權與年輕的一代，無論生理性別，每個人都可以找到讓自己感到安全、自在談論月經的方式。因為，唯有讓屬於生理現象的月經能夠自然地成為如同討論天氣一般的話題，整個社會才有機會撕除對月經貼上的標籤。

　　有些人或許會懷疑，只不過是開口談論月經，不過就是說說而已，真的能夠帶來什麼實質的改變嗎？那句「坐而言

不如起而行」的經典諺語，不是一再地提醒著我們要將想法付諸實踐才能成功嗎？

在臺大月經課剛要起步的的時候，飛地書店的創辦人張潔平女士曾經問了一個問題，怎樣的行動才算是我心目中的月經行動呢？要像非營利組織小紅帽、愛女孩一樣深入月經貧窮的場域才能算得上是行動嗎？

潔平問了一個很關鍵、也無比重要的問題。

事實上是，能夠開口談論月經，甚至願意分享自己的月經生命經驗，這本身就是一項行動。

《對，我月經來了》，是作者吳玠周為了找尋自我而生的一本月經散文寫作。她透過記錄生理期的過程，面對自身的日常感受，以「接受自己身體的樣貌，肯定的面對月經」的觀點，賦月經與自我生命連結的意義，告訴我們月經就是「女性可以主導的最優秀的革命」。

吳玠周大膽地揭開與月經連結的社會壓力與刻板印象，她透過文字讓我們看見月經是女性身上那「壓抑與厭惡的影子」的化身，也讓我們反思現代女性對月經所自我投射出的負面意念。

「妳是不是月經要來了？」

我們或許在某些光景之下被問過這句話，或許也曾經對他人說過這句話。

在臺大每學期的月經課堂上，同學們都會寫下對這個問題的反應。大部分生理女性的第一反應是「干你屁事」，但也有一些人的反應是「對方在關心我」。有趣的是，這個問題同時帶出人們內心正面與負面的意念，忠實地呈現了我們對於月經的錯綜情緒，這些意念與情緒也交雜呈現在吳玠周書中對於月經的探索。

吳玠周在書中發出「對，我月經來了」的吶喊，這是直面回應「妳是不是月經要來了？」的一個強大態度與行動。那是一種對於身體的覺醒，一種認知生命存在的意識，一個落下大大句點*的肯定句。

吳玠周透過書寫探索自己的月經生命經驗，創造了我們與千千萬萬個月經週期能夠共感的可能，這是吳玠周的月經行動。

★ 月經的英文為period，period亦為句點。

臺大的學生們願意選擇月經通識課，與來自不同背景的同儕一起學習月經知識、討論月經議題、分享彼此的月經生命經驗，這是學生們的月經行動。

　　臺大創亞洲之始將月經議題用跨領域整合的方式開出通識課程，這是臺大作為一個高等教育單位的月經行動。

　　納米比亞第一夫人的助理願意與我在異國的酒吧裡，聊著移動教育服務能如何幫助Himba族青少女面對月經，這是她身為納米比亞國民的月經行動。

　　而正在讀著這篇推薦序的你的月經行動，會是什麼呢？

　　其實，你已經跨出月經行動的第一步了。

二〇二二年十一月二日

寫於台北

　　在正值生理期的某一天，我從內褲上把衛生棉撕下來，包在衛生紙裡頭，衛生棉傳來潮濕的血腥味，就在這短短的一瞬間，經血沿著我的大腿滴落，我急忙抽衛生紙擦拭，趕快拿出新的衛生棉貼在內褲上。在這過程中，大拇指沾到些許經血，頓時讓人感到非常煩躁，神經質的我在洗手台想把手清洗乾淨。就在此刻，有個想法冒了出來。

　　與其說是想法，應該說是第六感或預感會更為精準，那份預感是——除非我愛我的月經，否則我永遠不會完全愛我的身體，如果我不愛我的身體，那麼我也永遠不會真正地愛我自己。這是種不祥的預感，同時卻也是一種希望。因為這意味著，只要我能愛我的月經，我便能更深刻地了解自己並且愛自己。

從體內湧出的這份心情很快就變成一種堅定的信念，促成了我寫這本書的契機。

周圍的人聽見我要寫這本書的第一反應都大同小異，有些人展現出不置可否的態度，有些人則是訝異的提問：「你要寫一本關於月經的書？」、「為什麼呀？」、「我沒聽錯吧？你說主題是什麼？」、「有什麼好寫的嗎？」他們會提出諸如此類的問題，我通常都會以一句話來回答——

「這不單單是一本只講月經的書。」

當我說出自己正在寫書，而朋友問我書的主題是什麼，我真的不知道該怎麼回答。這本書雖然是在談論月經，卻不僅只於此。

最近，我在補習班擔任兼職教師，在等待課堂開始前的短暫時間，我偶爾會拿出書閱讀，有次剛好在讀金寶藍（김보람，音譯）導演的著作《月經共感》，有個跟我不太熟的打工男學生問我在看什麼書。該不該老實說呢？我當時躊躇了一會兒，還是照實說了。

「《月經共感》。」

「啊？」

「書名叫《月經共感》。」

「⋯⋯喔,是在說『那個』的書?」

「對。」

「⋯⋯」

也許他沒想到我會這麼若無其事地說出「月經」這兩個字,那位男學生頓時僵住,回不上話,像這樣的尷尬時刻多不勝數。即便我沒有刻意向他人宣告自己正在寫關於月經的書,很多時候還是不得不據實以告,因為我不想說謊。

當我在寫作時,總會有人走到我的身邊問我:「你在寫什麼?」起初,我會以寫作業為由來模糊帶過,但還是有人會鍥而不捨地追問或投以懷疑的目光。後來,我寫了一篇文章名為〈讓我們稱呼月經為月經〉,我討厭為了閃避當下的尷尬而含糊其辭,於是決定直言不諱。

「我正在寫關於月經的文章。」

每當這種時候,彷彿是我說出了不該存在於這世上的詞語似的,氣氛瞬間降溫,但我會泰然自若地將話題延續下去。或是當我因為經痛而痛苦地把止痛藥放進嘴巴裡,旁人問我怎麼了,我會回答:「因為經痛。」

當我回答完的瞬間,會感受到一陣窒息般的冰冷寂靜。

這一連串狀況真的很不正常。

就連我在寫這本書時，許多時候也像有人搗住了我的嘴，那些在舌尖徘徊的話語，無法化為句子，最終被我嚥進肚子裡。

社會裡的月經禁忌離我們並不遙遠，就在這當下、在我面前、在我的唇邊屹立不搖。在學校、在職場、熟悉的朋友之間、在課堂上，不允許我稱呼月經為月經，逼我噤聲，這根本毫無正當性，是社會強迫女性沉默的惡習。長久以來，社會迫使女性對自身的行為、言語、目光、姿態極度謹慎地檢視、懷疑且抱持羞愧態度，潛移默化地灌輸這種觀念到女性的一生中，這是一種非常惡劣的陋習。

不知從什麼時候開始，我認為月經禁忌所代表的並不單單只是月經。性暴力、家暴、墮胎、單親家庭、玻璃天花板★、性別薪酬差距、性物化、非法攝影、以男性視角為中心的色情影片、復仇式色情★、針對女性的暴力犯罪等眾多社會問題，與月經禁忌之間無法視為是毫無關聯的領域。這些問題緊密交織成了一個名為厭女症的巨大結構，難以從中突破出一個破口。

★ 玻璃天花板：Glass ceiling，指女性在職場受到無形的升遷限制。

★ 復仇式色情：Revenge Porn，指在沒有經過當事人同意，故意散布、播送、張貼或以任何方式讓第三人觀覽當事人為性交、裸露性器官等性私密之照片、影像。

這些矗立在我面前的巨大屏障，讓我在遭受性騷擾時說不出口，無法馬上反擊；讓我在職場、在朋友之間、在學校、在家裡聽見性別歧視的言論時，無法提出疑問，只能沉默；讓我在遭遇明確的性侵害時，不敢把這件事告訴任何人，第一反應就是懷疑是不是自己有錯；讓我無法對那些在街上、在酒吧、在夜店無禮搭訕、眼神騷擾、糾纏女性的男人們發火，只能閉上嘴忍受，直到他們離開。

生在具有月經禁忌的社會中，女性即便長大成人，對自己的身體仍然知之甚少，且會因為無知而心生厭惡與否定感。我們需要新的教育方式，讓人們能夠正向看待月經。透過正向看待月經，女性會肯定自己的身體、性器官、女性特質，以及所有的情緒與慾望，進而肯定自己本身。

月經解放運動與女性解放運動兩者有著緊密相關性，無法確定哪一個形成的時間更早，因此，這本書並不侷限於月經本身，我們必須了解是什麼賦予月經諸多壓迫，導致女性長久以來無法去愛自己的身體。我必須挖掘出根植於這個社會以及我內心的厭女症，並且放在眼前檢視。我必須直視

它，並且一點一點地摧毀它。同時，仔細端詳自己的身體，學會如何尊重與愛自己。我堅信，當我改變的時候，社會也會跟著不一樣。

其實，剛開始動筆寫這本書的時候，最令我頭痛的是用語的選擇。一直以來，有派說法認為韓國以「生理」這個詞委婉表達「月經」，我們應該要捨棄這樣的代稱。最近還發起了另一種說法，呼籲把「月經」稱為「清血」，意指乾淨的血。我認為像這樣致力於創造出一個新的女性用語，是很有意義的運動，我也被「清血」這個新奇又美妙的表現方式所感動。

但是，不能隨意使用「月經」這個詞，反而創造出「那個」、「魔法」等各式各樣的代稱，從這點看來，「月經正名化」也是一個相當重要的議題。此外，在過去幾年間，「月經」這個詞與我所經歷的日常生活有著密切關聯，因為這是我與我的朋友們一直以來都在使用的表達方式，在談及個人經歷時，使用「月經」來敘述會更貼切。因此，在本書中，會根據文章脈絡來選擇描述月經的用語。

Chapter
-3- # 100 名女性有 100 種經期 …………131

恭喜你的月經來了

強烈的第一印象

記得在很久以前，我曾看過媽媽的經血。在一個陽光明媚的下午，我和媽媽一起坐在客廳地板上，我正吃著零食，突然間，媽媽驚慌失措地衝進廁所。她坐過的位置上有紅色的血漬，彷若在地板蓋上暗紅色的印章，留下了印記。看見媽媽流血，我非常擔心，過一會兒媽媽回到客廳，我便問她：

「媽媽，你怎麼流血了呀？」

「沒事啦。」

「這不是血嗎？你明明就在流血。」

「總之這不是血，你現在不需要知道這個。」

媽媽用濕紙巾擦去血漬，也同時抹消了我的好奇心。我還清楚地記得，那時媽媽臉上浮現出的慌張神情加上些微尷尬的笑容，用「你不需要知道」這句話來阻止我的提問。那是我有生以來第一次親眼看到這麼多血，雖然血跡已被擦去，但對經血的強烈第一印象卻深刻留在我記憶中，難以抹滅。

　　那天，如果媽媽沒有以「你不需要知道」來搪塞我，而是叫我坐下來，仔細解釋什麼是月經，會是如何呢？——媽媽剛剛流的血是經血，這是每個月一次從女人體內流出的奇妙血液，它造就了你，將你帶到這個世界，你不應該對經血感到羞恥或難為情。雖然有時候會像這樣漏出來，但沒關係，只要擦乾淨就好，衣服弄髒的話洗乾淨就行了，這沒什麼大不了的。每個女人都會有月經，這是既自然且正常的身體運作。以後，你也會像媽媽一樣有月經，當那個時候到來，你應該為經歷月經的自己感到自豪，因為這是一件很了不起也很美好的事情。如果你覺得每個月都要流血很痛苦也很麻煩，那麼你隨時可以選擇停止月經。因為你的身體，由你自己作主。

如果媽媽當時對我說這些話，現在的我又會是如何呢？

無論我使用了多大多厚的衛生棉，偶爾經血還是會外漏，如果媽媽當時曾向我好好說明，那麼後來我在看到內褲、棉被、褲子上面的血漬時，也許就不會感到內疚和自我厭惡。

媽媽在那天以那種方式讓我體會到月經是一件不可告人的事情，要是媽媽當時曾向我好好說明，也許我便不會認為自己流著血的生殖器是令人羞愧的而不敢正視它，也不會把想要了解月經的這個想法棄置在未知的領域而不去觸碰；就算好幾個月才來一次月經，或是一個月來好幾次月經，即便月經週期與經血量失序混亂，我也毫不在意，如果當時媽媽向我好好說明，也許我不會用又大又厚的衛生棉阻絕我與自己生殖器之間的溝通。

沒有人強迫我隱瞞月經並對此感到羞恥，但我自然而然地只在女生圈圈裡悄悄談論「大姨媽」、每次去廁所前都把衛生棉藏在別人看不到的地方、不小心外漏到內褲或床上時，總因為罪惡感而感到自責、正在經痛的我，當別人問我怎麼了，我會擠出尷尬的笑容說：「你不需要知道。」就這樣阻絕了我與朋友、以及我與自己談論月經的機會。

一如媽媽那天給我的回應。

　　我有一個小我五歲的妹妹，在我們小時候，媽媽總是稱呼我們的生殖器為「辣椒」。當我們晚上不想洗澡，在床上想蒙混過關的時候，媽媽一定會把我們挖起來帶到浴室，催促著說：「要刷牙，還要把辣椒擦乾淨！」妹妹因為下體發癢而哭鬧時，媽媽會一把拽住妹妹的腿，一邊掰開一邊開玩笑的說：「媽媽看看是哪裡癢，是辣椒嗎？」所以我一直認為那就叫辣椒。因為媽媽總用可愛又輕快的語氣隨口說出這個單字，所以我根本沒想到那其實是男人生殖器的代稱。

　　直到我長大成人，知道辣椒的涵義後，我偶爾會對媽媽提出疑問：「媽媽，你為什麼要說那是辣椒呀？我們又不是男人。」媽媽把問題丟還給我：「不然我要怎麼講？」

　　小妹妹？小雞雞？性器官？陰部？那裡？我查過字典，「下面」是陰部的俗稱，「小雞雞」是男人性器官的婉轉說法，「陰部」是男女生殖器官的通稱，「性器官」就是字面上的意思。因此，陰部與性器官都不是用來特別稱呼女性生殖器官的詞，但這是否意味著可以教幼兒諸如「小妹妹」或「小雞雞」之類的詞呢？為什麼這些詞都帶給人一種粗俗、好像哪

裡不太對的不安感呢？

但像「辣椒」這樣的代稱就沒有這種感覺。為什麼沒有用來專指女性生殖器且不低俗的用語呢？像是陰莖或辣椒。為什麼沒有像「男根」或「陽具」之類帶有推崇意味的詞來形容女性生殖器呢？有與「辣椒」相對應的女性用詞嗎？有沒有不貶抑女性生殖器且不帶有性含意的日常用語呢？教育小女孩時應該用的正確表達方式是什麼？

或者，只有在稱呼女性生殖器的用詞時，才被附加上這種不安感？

「媽媽，我的內褲上總是沾到一些東西。」

在一個週末下午，我與好友還有我們的媽媽待在一起，小時候我們經常到對方家裡玩。午餐吃了超好吃的餃子湯與馬鈴薯煎餅後，我們散步前往咖啡館。那是個寧靜的下午，陽光和煦、綠樹成蔭，葉片隨風搖曳。那時，好友突然說自己的內褲上總是沾到什麼。她媽媽慌張地把她帶到最近的商家廁所裡，廁所裡沒有其他人，她媽媽連門也沒關，就把好友的外褲及內褲都脫下來了。當時還小的我愣愣地看著她們，聽著她們的對話。

「這是什麼呀？是尿嗎？」

「不是的，這是白帶。」

「白帶？」

「是呀，別擔心，這本來就會沾在內褲上的。」

「但還是覺得怪怪的。」

「這表示你的月經快來了，要開始準備了。」

當時，我根本不知道白帶和月經是什麼，但那天的事情

在我腦中留下了難忘且深刻的印象。原來女生的生殖器會有除了尿液以外的東西排出來啊，我茫然地這麼想。

　　不過，多虧了那次經歷，之後當我自己有白帶時，才不至於太驚慌。啊，我也像好友那時經歷的那樣，也出現白帶了呀，抱著這樣的想法，以平常心度過了。即便內褲無緣無故變濕，也覺得一點都不奇怪。雖然我不明白好友媽媽說的「為月經做準備」到底是做什麼準備，但當下我也不自覺地想：我以後也會有月經吧，我也不能慌張。

恭喜你的月經來了

　　每個人在經歷初潮時，通常會留下深刻的印象。但我想我是個例外，我並沒有任何關於初潮的記憶。沒有留下任何記憶，是否代表了我的初潮既沒有被特別慶祝也沒有接受到特別的健康教育，就這麼被草草帶過了呢？比起同一輩的人，我的初潮來得較晚，或許是因為這樣，才會如此平平無奇地度過了吧。我記得是在十五歲左右迎來初潮，那時身邊許多朋友都已經來過月經，也大概知道是怎麼回事，所以順理成章地就這麼接受了。

　　比起我的初潮，我對那段時間超流行的青春偶像劇《玉

琳成長日記》印象更深刻。週末我一定會特地起個大早，守在電視前面看重播，還記得女主角初潮來時的劇情引發了一陣討論。一家人帶著初迎月經的女主角去家庭餐廳，請店員端來一個超大蛋糕，同時唱著「祝你月經快樂」的歌詞，女主角臉都紅了，為這慶祝場面感到尷尬。

當時，我看著這場面哈哈大笑，另一方面也心生疑問，為什麼我初潮的時候家人沒有像這樣為我慶祝呢（除此之外，也感到有點委屈）？另外，也疑惑為什麼女主角會覺得尷尬呢？在那之前，我從未想過月經是一件羞於見人的事情，但看了那一集之後，我才知道公開談論月經是很羞恥的行為。十幾年過去，時至今日，仍有許多女性對初潮經歷感到羞恥與不知所措，就連我的朋友也是這樣。

Ⓐ　回憶起我的初潮，只有痛苦二字可形容。那是在我國小五年級時，起初下腹像吃壞肚子般的隱隱作痛，但又感覺跟一般的腹痛不同，當我疑惑的同時，感到有什麼從我的生殖器裡流了出來。下課時，我趕緊衝進廁所檢查，發現內褲上沾著血。我不記得當時是如何處理的，只在心裡隱約留下了極為疼痛與驚慌的感受。

Ⓑ　我記得在洗澡前把衣服脫下來，發現內褲上有血，生殖器裡流出黏稠鮮紅的血塊，嚇了我一大跳。因為學校已經有教過，媽媽也告訴過我什麼是月經，所以並沒有太慌張。雖然也希望自己能游刃有餘地說：

「啊，原來這就是月經呀！」但心裡還是難免有點不安與迷茫。告訴媽媽之後，她就買了衛生棉給我。

Ⓒ 我的初潮發生在小學，當時我正在參加夏令營，第一次面對月經，我毫無準備，也沒有使用生理用品。我沒有讓媽媽知道，因為我擔心家人如果知道了，可能會幫我辦個慶祝派對。就這樣經歷了幾次沒有用生理用品的經期，大概三個月後，媽媽說洗我的衣服太累人了，下次生理期來一定要先告訴她。

Ⓓ 我對於初潮感到莫名的難為情，一直隱瞞著沒有告訴媽媽，直到姐姐說出來，媽媽才知道。那時，媽媽送給我一束花作為賀禮，讓我覺得既難為情又羞恥。

Ⓔ 那時，我有彼得潘症候群，極度厭惡長大。我討厭自己的身體成長，胸部發育、體毛生長、長高……都讓我深惡痛絕。就在這時候，月經來了。父母與親戚向我祝賀，而我只感到羞愧與憤怒，根本不領情。有月經不就代表能夠懷孕生子嗎？我一點也不想變成大

人！當時的我在心裡吶喊著。

初潮來時，家人為我舉辦了派對，雖然覺得既尷尬又害羞，但同時也很自豪。媽媽恭喜我成為了「真正的女人」，也仔細告訴我該如何為月經作準備，還有以後應該注意的事項。隨著月經的到來，突然感覺肩負的擔子與責任都很重大。

記憶中的初潮，在我心中留下十分痛苦且可怕的印象。我雖然有衛生棉，但卻不知道該怎麼使用，曾看過班上男同學嘲弄褲子沾上經血的女生，我絕對不想發生那種狀況。心情混亂惶恐，沒來由地感到生氣。

當我發現初潮的時候，我很開心，因為覺得自己長大了。媽媽邀來阿姨、祖母一起慶祝我的初潮，當下我彷彿是拿到奧斯卡獎般的雀躍，真是天真呀。那是我對月經相關經歷當中唯一的開心回憶。

朋友們的初潮經歷雖不同但也相似。透過採訪，我發現初潮的體驗會隨著國籍而有所不同。在韓國長大的朋友通常沒有收到初潮祝福，即便被祝賀也會感到羞恥，大多數人對初潮都感到羞於見人。另一方面，在國外長大的朋友通常會獲得祝福，以平常心自然地度過初潮。初潮的體驗非常重要，會對女孩今後接受月經和自己身體的方式產生莫大影響。

　　我認為初潮值得被慶祝。月經是一件平常且平凡的事情，同時也是一件美妙而值得被尊重的事。其實，只有女人才會有月經，是一個非常特別的經歷。經血是地球上唯一能孕育生命的血液，也是每個月提醒我們「人類是大自然其中一部分」的珍貴訪客。這就是為什麼我們必須全心全意地慶賀與祝福女孩的初潮。

　　女孩迎來第一次的月經時，周圍的大人給予何種教育與引導，有可能會因此改變她的一生。我不希望初潮成為女孩的負擔與壓迫、不希望初潮成為女孩患上厭女症的起點、不希望初潮是一種起初被祝福，後來卻要你閉口不談的經歷。

　　我期盼初潮會是開心、愉快且美好的回憶，也是一個能夠受到眾人祝福且可以公開談論的經歷；我期盼女孩身邊有個大人可以溫暖安撫她的慌亂與不安；我期盼有個大人能告

訴被血嚇壞的女孩，這完全不需要感到羞愧與難為情；我期盼初潮成為一個能與父母進行一場深入對話的機會；我期盼初潮會是女孩好好審視與了解自己身體的第一步。我們必須懷抱著尊重與愛去祝賀女性的初潮與停經，我期盼這樣的祝福不會只停留在特別日子，而是成為貫徹一生的日常心態。

迎來初潮是一件很美好的事！我夢想著能實現一個不需要再為「祝你月經快樂」這首歌而臉紅的社會，我希望極為理所當然且稀鬆平常的月經祝福能成為社會上習以為常的習慣，因為月經真的是一件既美妙也值得自豪的事情。我真誠的相信，當你闔上這本書時，你一定也會與我有相同信念。

你月經來了嗎？

　　小學五年級時，我因為搬家而轉學到新的學校，很快便適應了新環境，也交到新朋友。身處在新環境與新同學之中，唯有一件事沒有改變，那就是我的身高。當時，學校以身高從矮到高來決定隊伍的排序，在小學的六年期間，我是一直在 1 號與 2 號之間來回掙扎的矮冬瓜，轉到新學校也是同樣情形，我還是被排在 1 號。

　　身高矮，身體的其他部位像是手和腳通常也較小，體內器官也一樣，子宮高度在一定程度上也與身高成正比，所以第一次購買月經杯的時候，如果不敢量陰道口到子宮頸的長

度，可以用身高來決定月經杯的尺寸。

　　我不僅身高矮，成長速度也比同輩慢，初潮來的時間也晚了許多。十五歲才來第一次月經，雖然也不算特別異常，不過當時有許多新聞提到女孩的初潮年齡有逐漸提早的趨勢。實際上，當我十五歲迎來初潮時，周圍朋友幾乎全都來過月經了。而且，與大多數人不同，年輕時的我與朋友對月經一點也不感到羞恥，更無意隱藏。相反的，對我們來說，月經是成熟的象徵，是比別人早一步長大的女孩才能獲得的獎盃。

　　「你月經來了嗎？」

　　如果現在有人這樣問我，我會怎麼想呢？我肯定會覺得「那傢伙有毛病嗎？」，這是因為「你月經來了嗎？」這句話在韓國社會中被汙名化的關係。當雙方處於衝突情況之下，問女性這樣的問題，意圖顯而易見——因為正值經期的女性會變得敏感且情緒不穩定。是不是因為月經來了才會這麼生氣？這是為了把女人的憤怒歸咎於女人，而不是他自己。強調不是他的錯，都是因為你太敏感，這就是煤氣燈效應。

　　這想法讓人感到不可思議，因為這是來自於對經期女性的徹底誤解與無知。這世上沒有任何一種生物每個月能持續

流血一週而不變得情緒緊繃，女人在經期變得比平時更敏感是理所當然的。

如果你因為經血而必須一整天使用衛生棉或棉條；為了替換生理用品每天得要去廁所四、五次；擔心經血外漏，晚上睡覺、戶外活動、出外旅行的時候都得提心吊膽、戒慎恐懼，你會怎麼樣？正如我們無法對被打的痛苦感到麻木一樣，我們也無法對月經的痛苦與不便感到習以為常。試問在這種狀況下有誰能不變得敏感？

但可悲的是，女性在月經期間會忍著不讓這種狀態顯露出來，原因就是不想成為別人口中「因為月經來了而情緒失控的女人」。為了不讓他人察覺，即使比平時更容易煩躁且難以控制自己的情緒，也要努力壓抑忍耐。

然而，就算可以抑制自己變得敏感的感官與情緒，但卻無法完全控制身體症狀。有些女性吃止痛藥也無法平息經痛，在家裡痛了一整天，最後被送往醫院；有些女性則苦於月經帶來的頭痛、暈眩、貧血和關節疼痛。我自己在經期開始時很容易感到疲倦，整段經期都處在精神疲乏且暈眩的狀態。但我從未因為月經而搞砸工作，那是我絕對無法接受的狀況，所以無論如何都用藥物撐過來了。

其實，對大多數女性來說，最敏感且最憂鬱的時期並非是經期，而是經前及排卵期。經前隨著賀爾蒙變化，情緒起伏也會變得相當劇烈，容易沮喪或激動、難以控制情緒，這些症狀被稱為經前症候群（PMS，premenstrual syndrome），每個人會出現的症狀都不一樣，無法以單一病名來概括。有些女性的經期就跟平日沒什麼兩樣，也有些人在經前會變得極度敏感，等到月經來了又好轉，或是有些人到了生理期，精神狀態就特別緊繃。

月經導致的症狀因人而異，不能單以經期的對外表現為判斷依據來定義一個女性。

「你月經來了嗎？」這句話意味著理性優於感性。因為女人很情緒化，所以不如男人，這種針對月經毫無根據也不有趣的陳舊偏見正是厭女症的表現。不過，這種觀念深深浸透到我們社會每一個角落。例如：女性比男性更不適合工作，因為她們情緒化；女性不適合擔任公職或政治工作，因為她們情緒化；女性比男性更適合育兒，因為她們情緒化⋯⋯等等。

小時候我也曾說過同樣的話，只不過話中含意完全相

反。轉學後，我在新學校認識了一位朋友，以一個十二歲的孩子來說，她的身高鶴立雞群，而且身體發育也比同輩快，身高已經超過一百六十五公分，肩膀與骨盆都長開了。我的身高只到她的胸口位置，當班級要排列隊伍時，她總是排最後一個，而我都在最前面。總是排 1 號的我以羨慕眼神望著她說：

「你怎麼這麼高呀，羨慕！」

「我一直都比較高啊，月經也很早就來了。」

「什麼時候來的呀？」

「十歲的時候，我應該是最早來的吧。」

她俯視著我說自己是班上最早來月經的人，那自豪的眼神令我至今仍印象深刻。當時的我還搞不清楚月經是怎麼回事，但隱約知道那是只有成年人才有的東西，於是便以崇拜的眼神看著她。因為我認為那是唯有比同輩搶先轉大人的女孩才能享有的權力，而我還無法爭取。竟然十歲就來月經了，我那時連月經這個詞都不懂。

看見她眼中散發出的坦蕩與成熟，我頓時有股洩氣感，默默回到自己的座位。我也想像她一樣，擁有飛快竄升的身高、長開的肩膀和骨盆，也想有月經，然後我要再跑去跟她

炫耀：我也有月經了喔。

那天以後，我每次遇到朋友就會問她們：

「你月經來了嗎？」

這樣問是為了確認哪些人的進度比我快，哪些人跟我一樣，以確保我不是班上最落後的人。對於當時的我來說，月經就如同一個成熟的指標，只有比別人優秀的女孩才能擁有，是一件值得驕傲宣告世界且獲得崇拜的成就。

小時候的我認為月經是一個美妙且了不起的經歷，絕非像現在這樣感到羞恥並急於隱藏。我不想否定這段童年記憶，也不願把它視為是無知孩童的幼稚誤解。或許，在那段我尚未接觸到任何社會偏見與嫌惡的純真時期所抱有的認知才是正確的吧。

我期盼「你月經來了嗎？」這句話能成為賦予女性力量的用語，而不是像現在一樣，是一句讓女性沉默不語和承受蔑視的貶義詞；我期盼月經對我們來說是一件值得驕傲的美妙經歷，再也不須在意旁人怎麼說。

環境賀爾蒙

　　大約是我十五歲的時候，在某個一如往常的傍晚六點，夕陽西下，父母還沒下班回到家，我坐在空蕩蕩的客廳裡，一邊看電視一邊吃泡麵果腹。這時段沒有什麼有趣的節目可看，我無聊地亂轉著頻道，剛好停在一個感覺很枯燥乏味的健康節目。該節目正在討論當時蔚為話題的環境賀爾蒙，節目裡談到環境賀爾蒙是擾亂體內賀爾蒙的有害物質，必須嚴加防範。

　　節目來賓分享了一些生活上的建議，比方說，不能把塑膠容器放進微波爐，微波時必須保持一公尺以上的安全距離

等等，最後還說：泡麵容器也含有大量環境賀爾蒙。我低頭看著吃到一半的泡麵，頓時陷入苦惱之中。根據那些專家的說法，環境賀爾蒙有如絕對不能進到體內的毒藥。接著，他們開始條列環境賀爾蒙的有害影響，例如：導致精子數量減少、擾亂性荷爾蒙而提高畸形兒出生率等等許多可怕的後果。

其中，引起我注意的是環境賀爾蒙會造成男性女乳症。持續接觸環境賀爾蒙的男性，身體會把環境賀爾蒙誤認為雌激素，導致乳腺增大，胸部隆起。正在吃泡麵的我瞬間目瞪口呆，愕然看著電視裡如女人般隆起的男性乳房。現在回想起來，那是我第一次在電視上看到隆起的胸部而沒有加馬賽克，充滿衝擊性的畫面深深刻進我的腦中。

從那天起，當我微波加熱裝在塑膠容器裡的小菜時、偶爾站在微波爐前面時、拿櫥櫃裡的泡麵來吃時、用塑膠容器盛裝熱騰騰的食物時……每當這種時候，腦中都會隱約浮現那長在男性身上的隆起乳房。沒多久我就放棄這些行為了，但當時那個畫面確實帶給我一種莫名的矛盾心理。

某天，我在網路新聞的一角看到有報導指出衛生棉含有大量環境賀爾蒙。不過，我看完之後並沒有太大反應，或許是因為我不自覺地認為這不算什麼問題吧。無論如何，我一

定在某個時候看過這樣的消息，但沒有任何憤怒或質疑，也沒有放在心上。只要我們生活在文明世界當中，環境賀爾蒙就無所不在，當時我還懷疑人們是否反應過度。連我自己都想不通為什麼，看完那篇報導之後，我異常平靜地繼續點開下一篇新聞。

偶爾想起那一天，回首年少時的我，會感到哀傷至極，覺得自己無比可憐。當然，我們不知道生活中會在何時、何地、以何種方式接觸環境賀爾蒙，根據那篇報導，我們每個月安心使用的衛生棉絕對有問題，但在這十年間我卻如此輕易地略過這個議題，如同大多數女性一樣不以為意。是環境賀爾蒙導致我的胸部漲痛得這麼辛苦嗎？是環境賀爾蒙帶給我如地獄般的經前症候群與經痛嗎？是環境賀爾蒙慢慢侵蝕我的子宮使之變弱而誘發了多囊性卵巢症候群嗎？當我因經痛導致下背部麻痺而痛苦不堪的時候，我偶爾會忍不住反覆思考這些問題。那個時候如果我未曾見過那隆起的男性乳房，或許事情會有所不同？

藍色的經血，
清爽的「那一天」

　　打開電視會看到各式各樣的衛生棉廣告，不過，大多數廣告的概念都大同小異。身著純白洋裝或白色緊身褲的清純女孩說著：「『那個』來也很清爽！」、「用了就能變清爽！」等廣告詞，以輕盈姿態搭配銀鈴般笑聲。

　　那些有著端莊清純形象的演員們在廣告中不約而同都穿著潔白服裝，而且絕對會出現一個經典場景，為了強調產品吸水性，會把藍色液體倒在衛生棉上，最後以「絕佳吸水力！」作為結語。在廣告中絕不會出現「月經」這個字眼，

也看不見紅色的經血。這個產業最重要的關鍵字想必是「純真」、「純潔」、「乾淨」、「白色」、「藍色」、「清純」這些詞吧。

事實上，我從來不認為這些衛生棉廣告有什麼問題，為什麼這麼說呢？因為我真的對這些廣告一點興趣都沒有。衛生棉廣告的目標客群是所有會來月經的女性，但我看到那些廣告卻完全不覺得自己是他們的主要客群。因為廣告中傳遞的畫面與我的真實經歷相去甚遠，所以感覺不到我與這些廣告的關聯性。

但真正的問題是，這些廣告傳播了對月經的無知與誤解。此外，使用模糊的代稱如「那個」也傳遞出月經禁忌以及不要宣揚月經的現象。而且真的有男性以為女性的經血是「藍色的」，令我十分震驚，我甚至聽說有男性認為衛生棉要使用何種尺寸是由女性的體型來區分的。

生理期的女性會覺得身體超沉重，一點也不輕盈，更沒心情發出銀鈴般的笑聲。除非有特殊原因，否則沒有女人敢在經期穿白色衣物。然而，衛生棉廣告傳遞出的形象與真實情況大相逕庭，並且潛移默化地將這種形象強加於女性身上，傳達出：就算正值經期，你們也可以像這樣穿著白色衣服、姿態輕盈地出門；使用某某牌衛生棉，即便穿白色緊身

褲也不用怕外漏；能夠隱藏地完美無瑕，絕對不會被別人發現；經期也想維持美麗與乾淨，就用某某牌的衛生棉！

月經是從女人的陰道裡流出鮮紅色血液，這和流鼻血或是從身體其他部位流出的血液沒什麼兩樣。經血不像尿液一樣可以控制，就像傷口會流血，時間一到，經血會自動從陰道流出，經期會持續五到七天，而且是每天二十四小時都在這樣的狀態下。

有些人問我，有必要在廣告裡展現出令人退避三舍的鮮紅血液嗎？我的回答是：「YES！」因為他們不會在創傷藥品和包紮繃帶的廣告中使用藍色液體來代替血。人們總是刻意遺忘女性每個月都會從陰道流出鮮紅血液，也許是他們根本不想知道，因為覺得髒、心生厭惡，便抹滅這個話題。就這樣，從我們陰道流出的鮮紅血液變成了電視上好看的藍色，被散發香氣的衛生棉吸收殆盡。於是，女孩們被這社會所標榜的美麗清純又乾淨的女性幻想所蒙蔽，而買下了那些衛生棉。

把經血塑造成不潔、羞恥且須隱藏的形象，這也是大企業代表性的行銷策略。在龐大的資本主義結構中，月經的形象經常隨企業主導風向而改變。為了打造出「絕對不外漏」

的衛生棉，就必須使用更厲害的化學藥物，這當然對身體沒有好處，但是，一些壟斷了衛生棉產業的公司紛紛量產這種衛生棉。經血被形容得像是絕對不能外漏的毒藥，但事實上，漏出一點點經血，你也死不了的，別擔心，不需要這麼恐慌。人生在世，一定會遇到經血不小心外漏的情況，也可能會弄髒衣服，這種時候或許會讓你陷入煩躁狀態，但這些問題都是可以解決的。

為了讓社會能更自然的接受這些情況，我們必須打破加諸於經期女性身上那些強制性與壓迫性的準則。我們要教育那些在背後嘲弄女孩經血外漏的人，而不是教育女孩不應該讓經血漏出來，讓她了解這沒什麼大不了的，這是無可避免的事情；要教育那些旁觀者不該作弄或取笑他人，這種時候應該要伸出援手。

衛生棉公司希望女性藉由徹底防堵經血來預防意外，這樣的話，女性便會每次購入更多、功能更強甚至會散發香味的衛生棉，廠商就能推出各種尺寸規格的衛生棉系列來賺錢。

無論有白帶還是經血，或在使用衛生棉的狀態下弄髒內褲，只要洗一下就行了。其實女性的內褲並不需要隨時保持乾淨。如果內褲必須要保持乾淨無垢，那穿內褲的意義在

哪？女性的陰道會排出各種分泌物，這是極為正常的現象。

　　有些人會說這只是單純的廣告罷了，我想對他們說——那些以厭女症為賣點的廣告，女性不會再買單。如果你想賣東西給女性，就必須觀察消費者的喜好，跟上時代的潮流。我一直在研究以二十～三十幾歲女性為客群的femvertising★，現在，衛生棉廣告也到了不得不回應女性消費者無數的疑問與批評的時候了。

　　近年，韓國也開始出現破除前述陋習的衛生棉廣告，在廣告裡稱呼月經為月經（本來就該如此！）。世間風氣正在逐漸轉變，變化速度相當快。未來，當衛生棉廣告普遍出現紅色血液的時候，應該有很多人會對從前在廣告中使用「藍血」而感到難以置信吧。

★ Femvertising：女權主義〔feminism〕＋廣告〔advertising〕，指宣揚女性主義的廣告。

「那種日子」的沉默

　　無論古今中外，總會以五花八門的代稱來稱呼月經。以韓國來說，最具代表性的便是使用「生理」這個詞。生理原是身體所有生理現象的統稱，後來成為月經的隱晦稱呼。在韓國，「那種日子」、「自然」、「魔法」、「月事」等等都是婉轉稱呼月經的用詞。如同伊斯蘭的頭巾一樣，藉由遮掩和限制言論，審查與抹消女性的經歷。

　　無論是韓語、英語還是荷蘭語，都有此現象，這讓我覺得以月經的代稱為主題來寫一本書一定也很有趣。就我個人而言，「月事」這個詞讓我印象深刻，比「月經」兩字更有韻

味，我十分中意。字面上也感覺與大自然的關聯性更強，帶著肯定且正面意義，揭示了月經與月亮週期、也就是自然週期有密切相關的特徵，所以我特別喜歡這個詞。

我認為沒必要太過拘泥於因無法直呼月經而衍生的眾多代稱，也不覺得應該毫無疑慮的使用特定單字。豐富且多樣的月經相關用語可以成為創造嶄新女性用語的跳板，也為我們提供了探索各種身分與意義的窗口。在我接觸到「月事」這個詞之前，我從未想過月經與大自然之間的關聯性，只是一味認為月經煩人且不便，是一種必須藉由文明工具來控制的生理現象。不過，「月事」這個詞說服我接受了月經是一種與自然連動的美妙現象，也幫助我不再那麼厭惡每月如期而至的月經週期。

前文曾提及最近有項運動是提倡使用「清血」這個詞，意思是「乾淨的血」，藉由這個詞澄清對經血的誤解，我很喜歡其中包含的正面意義。人們經常誤以為經血味道難聞，其實那就只是血本身的味道罷了。如果使用月經杯，杯中血液也只會散發出血腥味。衛生棉之所以會有異味，是因為經血加上化學物質再與空氣接觸產生了氧化，這也是衛生棉上的

血跡會呈現褐色的原因。只要使用月經杯，就會知道從陰道流出的血液與身體裡的血液一樣都是鮮紅色的。

在英語中，用來指代月經的詞也很多，最普遍的是以「期間」（period）來代稱。不過，眾多代稱中我最喜歡的是「每月訪客」（my monthly visitor）。竟然形容成是每個月來拜訪的客人！寓意可愛又充滿正能量。因為人們總是對訪客的到來充滿期待，尤其是專門為「我」而來的客人，而非父母的訪客。與其對經期懷抱不滿，要不要試著轉換心態呢？想著：「我的訪客又來找我啦！」儘管這是有點難搞又麻煩的客人，心態改變後，我甚至開始期待下個月的經期到來。

語言具有強大力量，要說是女權運動的核心在於語言的鬥爭也不為過。解構既有的男性本位的語言體系，創造新的女性語言，是女性主義文學追求的目標，也是女權主義最重要的謀略。言語所蘊含的力量，特別是「名稱」的力量更是強大。能夠直呼月經為月經，這股力量來自於月經本身，同時也是女性力量的展現。

最重要的是處在能夠自由發言的氛圍。無論要直呼為月經，或是要以生理期來代稱，或是要改稱為清血，都能自主選擇並公開談論，擁有這樣的力量是很重要的。最可怕的是

保持沉默。在與月經相關的各種稱呼當中,「那種日子」或「那個」都是極度缺乏特異性的用語,這樣的用語旨在讓女性閉口不談,在這點來看實在是糟糕至極。

在那段期間,我們自然地壓低音量,隨時環顧四周,女生之間低聲談論「那種日子」或跟朋友借「那個」(衛生棉)。當出現關於月經的話題時,男性通常會假裝沒聽到,或保持沉默或藉機離席。當然,男性會有這種舉動可能出於對女性的體貼,避免自己做出失禮言行,但事實上,這樣一點也不正常。

當我在大家面前提到一些生活話題,像是教授給了太多作業而感到疲累、跟家人起衝突真是憂鬱、最近身體狀況不好有點擔心……,其他人並不會離席,反而會真誠的傾聽。為什麼一說起月經話題,現場氣氛就瞬間冰凍呢?關於月經,我們不必再壓低聲音或在意他人眼光了,因為月經不是一個禁忌詞。

我決定不再被迫噤聲。我要用我想選擇的詞與男人、前輩、教授、老闆自由地交談;我要光明正大說出:「是的,我月經來了。」我要坦蕩地拿著衛生棉或棉條走進廁所。若有人問起,我要直言不諱:「喔,我要去拿衛生棉/棉條/月經

杯。」

改變需要時間，但我們沒有時間坐等那一天到來。倘若我們一再拖延不思改變，不只是我們這一代，這個不允許女性談論月經的環境將會延續到下一代。隨著各行各業、各年齡層有越來越多的女性為月經發聲，藉由每一次小型聚會討論，會逐漸打破月經禁忌，而從小型聚會帶起的改變，有朝一日必定會延伸到全世界，而改變的核心就是用語革新與勇敢發聲。

還是繼續用衛生棉吧

　　大概是在我十六歲的那年，與朋友一起去水上樂園玩的時候，第一次嘗試使用棉條。因為是經期第五天，經血量不多，於是我心想只要用棉條就能下水游泳了。如果是使用衛生棉，不但容易被其他人看出來，而且吸水之後會變得又重又不舒服，我不想陷入這種窘境。

　　然而，事前沒有先做功課，根本不可能輕易成功塞進去。那時，我連女人身上總共有幾個洞都搞不清楚（韓國的性教育導致這種後果）。我在網路上搜尋，大略看了一下內容，在簡陋的廁所裡，又看不見下體，毫無章法地找洞在

哪裡，但似乎沒有一個能塞進棉條的洞。我一個人在廁所裡痛苦摸索了十分鐘，在外頭等我的朋友催促我趕緊出去。我一時心急，用力把棉條塞入某個凹陷處，當下我感受到有生以來最大的痛苦，令我驚慌失措。網路上都說很簡單，那我為什麼會這麼痛苦？總之，我不想再繼續塞東西進去了，於是把棉條拔了出來，其實只塞進前端的一點點部分而已。現在我該怎麼辦呢？原本認為只要用棉條就好，也沒帶衛生棉……我在廁所徬徨了一會兒，還是把棉條扔進了垃圾桶，穿著泳衣就下水了。也因為是經期尾聲，所以沒有造成什麼問題。

在此讓我點出一個令人驚訝的事實——當你待在水中時，經血並不會流出來。即便是在經期第一天，也會因為水壓的因素，讓經血不會往外流。有在經期洗過澡的女性一定知道，不管是沖澡或泡澡，經血都不會外流。在陰道與水接觸的這段期間，經血會因為水壓而暫停流出。許多人都以為正值經期的女性進到水中，就會變成一池血水，但實際上並不會有這種事發生。問題是在於你要離開水的時候，當水壓消失，經血便會繼續流。為預防意外，還是要使用棉條，如果像我一樣是經期尾聲，經血量不多，則不需要太過擔心。

之前曾有過一個爭議，游泳池禁止經期女性使用泳池，這項規定是否屬於厭女文化的展現？我的答案是肯定的。即便從未發生過經血流入泳池的情形，至今仍有許多人認為經期女性進入泳池是很骯髒、不衛生且令人不快的舉動，這是發自無知且毫無根據的厭女思想。人們對於月經如此嚴苛，但對於在泳池裡小便、吐口水倒是寬容以待；若身上有傷口的人下水，血也可能會流到池中，也不見他們顧慮這一點。與其擔心經血汙染泳池，不如多留意以上那些情況。

　　由於社會上存在著對月經的諸多偏見，女性因為在意旁人眼光，自己也提心吊膽，所以大多數人在經期便不去游泳了。問題是，為經期女性設想的泳池業者少之又少，這是沒有月經的男性的預設立場。然而，月經並不是女人可以控制的，如果大家一樣都購買了月票，但只有女性一週都不能去游泳，那這部分應該要從費用裡扣除吧。

　　生活在這樣一個對月經不友好的社會裡，大多數女孩的棉條體驗最終都留下不好的回憶。許多女孩在經期為了想去游泳，在沒有做任何功課的狀態下嘗試使用棉條，想當然耳，失敗率相當高。大部分女孩從來沒有正確學習過如何使用棉條，甚至連陰道在哪裡都不知道，在這樣的前提下嘗試

棉條，絕大多數情況都是根本放不進去而失敗了；或者，怎麼樣都無法成功使用棉條，而整天擔心經血外漏，女性會以這些失敗經驗為判定依據，認為：「啊，可能我不適合用棉條，還是繼續用衛生棉吧。」

不僅如此，關於棉條的迷信與誤解，還有其他人的眼光也造成了影響。用棉條會讓陰道變鬆、會破壞處女膜（陰道冠）、處女不該使用棉條……這些不科學且毫無邏輯的謠言說都說不完。

「你用過棉條嗎？」當我這麼問一位跟我從小玩到大的朋友，她回答：「這……我不敢耶！」使用棉條的女孩在同儕之間會被視為比其他人更早接觸到性且觀念更開放。說得嚴重點，會被認為是不檢點的女孩。厭女文化當中認為女人在性方面應該潔身自好，導致女孩們甚至連自己的生殖器也不敢觸摸，更別說自慰了，就連使用棉條都被看作行為不端。

「因為一直在流血，所以一定有個洞，但我不知道它在哪（也或許是我沒那麼想知道）。」過去 n 年以來，我抱著這種心態，用衛生棉草率地堵住從那神祕洞口流出的血液。在前面提到的泳池事件之後，我有再試著使用棉條，但每次都還是回到最舒服也最習慣的衛生棉懷抱中，這是因為人們普遍

相信自己使用的衛生棉是最好的。這麼看來，我也是「還是繼續用衛生棉吧」群組的一員。衛生棉肯定含有不健康的化學物質，但我相信它們不會對身體造成嚴重傷害，因為大家都在用呀。媽媽、姊妹、朋友們……大家都理所當然地使用衛生棉，不帶任何懷疑或顧慮。

即便陰部因為接觸衛生棉而造成乾癢刺痛、夏天悶熱而引發濕疹，我也覺得這是必然的現象，只要忍忍就好了；雖然有時會罹患陰道炎，但我從來沒想過原因可能是衛生棉；經血量大的第一天及第二天用量多型、晚上用夜用型、接近經期尾聲用日用型及護墊，依不同需求要準備各種類型的衛生棉，每個月花在衛生棉上的費用就要數萬韓圜*，即使如此，也覺得自己身為女人，這錢不得不花。

我當時還不知道有月經杯這種東西。過去曾發生棉條導致中毒性休克症候群的事件，在電視新聞中被過度渲染以放大焦慮，但反過來想，我卻從未在媒體上聽說過衛生棉有任何副作用。或者是，即便報導了衛生棉的副作用，大多數人的反應都會是「這也沒辦法」、「忍忍就好了」，因為沒有其他選擇。從前我也是這麼想的，直到兩年前。

★ 韓圜：韓圜兌新台幣約為 1：0.022，1000 韓圜約為 22 元新台幣。

衛生棉有害物質風波

　　自從十五歲來了初潮以後，月經帶給我的痛苦與日俱增。長大成人後，疼痛變得更加劇烈，月經所導致的各種折磨我全都經歷過。無論身體或精神層面持續循環著動盪起伏的週期，沒有一天安穩，每個月都得承受嚴重的經前症候群與經痛，有時甚至覺得子宮宰制了我的身體，而我只是賀爾蒙的奴隸。顯然，月經在我人生中所占的比重超出預期，與月經相關的體驗也在不知不覺間緊密且深刻地影響了我的身體與感知系統。但在深入探究月經帶給我何種影響之前，我甚至從未認真思考過月經這件事。就算每個月都要受到這些

痛苦折磨，我卻只把它視為女人必經之苦、每個月的例行活動。這樣合理嗎？

對我來說，月經是一種發生在個人身上的災難。很不幸地，我天生有個比一般人更弱的子宮且賀爾蒙數值不穩定，只能認命承受這樣的個人災難。在外面、公共場所，更精準地說，有男性在場的地方，絕不能說出月經這個詞，要婉轉使用如「生理期」、「那個」、「那種日子」等代稱，還要壓低音量，在過去，月經被認為是一件極為私人、微不足道且不可告人的事情。

當二○一七年爆出在衛生棉檢測出致癌物的驚人新聞後，我才開始懷疑，我原本以為的個人災難，是否不只發生在我身上，而是一種社會性的集體災難。

起初覺得很震驚，在國內普遍可見的品牌也是我每月使用的大多數衛生棉都檢測到有害物質。在這之前，我還傻傻地只用國產衛生棉，消息曝光後我十分驚愕，但更令人震驚的是，沒有任何有效的對策。我想盡辦法，上網搜尋之後該用哪種衛生棉，但只看到令人絕望的消息——除非使用布衛生棉，否則衛生棉中的化學物質無可避免。

一股強烈的被背叛感衝擊我的後腦勺。我們國家真的到

現在才察覺這個事實嗎？在大公司的專橫壓迫之下，連月經杯也無法隨心所欲購買，女性的身體與知情權被輕忽，淪為微不足道的小事。我從未像此刻一樣如此堅定地認為女性只是二等公民。月經只有女性會有，但國家卻沒有肩負起保護我們的責任，所有痛苦都只是我生為女人所必須忍受的個人災難。

令我受盡折磨的經前症候群與經痛，當我還小時並沒有這些症狀，那究竟是什麼時候開始出現的？這和我持續使用那些充滿化學物質的衛生棉真的毫無關連嗎？沒有人針對我的痛苦去調查醫學證據，但只要你的智力正常，就無法斷言這之間絕對沒有因果關係。倘若使用化學衛生棉就不得不冒著接觸有害物質的風險，但卻沒有人告訴我，如果我不願冒風險的話，還有哪些其他選擇。我只知道不方便且昂貴的布衛生棉與會造成陰道冠損傷的棉條這兩種選項，當時還沒有人知道什麼是月經杯。

我們真的有得到正確的資訊嗎？

女性意識到資訊受到國家的操控而感到憤怒，馬上掀起了一波女權運動，同時，對月經杯的需求激增。但是，月經杯真的安全嗎？我的身體適合用嗎？我可以相信網路上的內

容而嘗試月經杯這種新產品嗎？在這之前，所有人也是毫無疑慮地使用衛生棉，那麼月經杯經過驗證了嗎？我會不會在未來又得挨一記悶棍？難道女人每次都只能像這樣用自己的身體做臨床實驗嗎？

　　義務教育並沒有向我們說明懷孕與生產的痛苦以及隨之而來的身體損害，也從未教導我們可能會有的各種經前症候群、經痛、停止月經的方法（子宮避孕器［IUD］、植入式避孕棒［implanon］）。沒有讓我們知道女性在經前會出現哪些症狀、經期會承受什麼樣的痛苦、市面上有哪些類型的生理用品，以及有哪些方法可以緩解經期不適或暫停月經。

　　從政府各種政策（例如：育齡女性分布圖＊）能看出，他們將女性定義為「子宮」而不是一個人。在義務教育當中，只從生殖（繁殖）的觀點去說明女性的身體與月經。當我還是學生時，我所受到唯一與女性身體有關的教育就是避孕方法及如何計算排卵日。

　　女性無法自由討論感受到的各種月經體驗，只有當女性自己到婦產科才能接觸到與月經相關的重要資訊，而且大多數的診療都未包含在健保給付項目裡，對於那些負擔不起醫療費用、或擔心上婦產科會遭受歧視而難以求診的女性來

＊ 育齡女性分布圖：韓國政務廳於二〇一六年十月二十九日在官網以地圖形式標出各地區育齡婦女的人數，引發批評。

說，只能依靠網路上那些未經醫學實證的資訊與廣告。

我們無法獲得正確的知識，也無法自由討論與月經相關的經驗與資訊。在兩年前發生了衛生棉有害物質風波之後，我才後知後覺——啊，原來這不僅是我一個人的災難。我那不幸的月經體驗，是社會結構與政治所導致的結果。月經原本就是這麼惹人厭的事情嗎？是什麼讓我們如此討厭月經？

身為「還是繼續用衛生棉吧」群組的一員，我開始感到不知所措。起初，我對國家和社會操控生理用品的選擇權而氣憤，但越想越開始懷疑，這並不是只侷限在衛生棉及生理用品的層面。我確信這個問題不單單只與月經有關，或許我們的社會長久以來管控著女性的性行為，藉由這次的衛生棉有害物質風波才浮上檯面？從古至今，男性藉由各種手段企圖他者化＊、規範、打壓、控制女性特質，而月經正是女性特質的象徵。

從那之後，我開始深刻思考我的月經體驗，也更認真思索我的陰道、我的性器官以及我的身體。越是認真想就越明確了解到過去這段時間裡，我是如何在層層壓迫之下被迫保持沉默、對自己實施言語審查。眼前的一切都逐漸明朗化，

★ 他者化：othering，標籤及定義他人為一個次等人的化約性行動。

我覺知到國家、社會、資本家是如何宰制月經且審查我的身體。

　　漸漸地，我感覺到自己的陰道、子宮與身體成了豐富寫作靈感的泉源，同時也是上演激烈政治鬥爭的舞台。我的月經體驗不再是我個人的體驗，我的身體不再只是我個人的身體。我認為在探究月經與身體的過程中，或許能帶來足以從根本上撼動父權體制社會的力量。我深信，唯有揭開一層層掩蓋著月經的嫌惡與壓迫的面紗，直接面對鮮紅的血液，是女性解放必經之路。因此，我決定書寫月經日記，正面直視完整的自己。

月經日記

微弱的預感

不祥的預感悄悄滲入身體，彷彿遠方天空隱約透出的淡藍色晨曦，在我察覺之前，就像空氣中的涼意一樣，悄無聲息地鑽進我的側腹和腹股溝。那股不祥預感緩緩落到身體裡面，將我的感官一一喚醒。

大腦還來不及意識到，身體已經敏銳地感知到那股默默趨近的感受，並且做出適當的反應。感受和情緒先行出現，之後才察覺到身體細微變化而想努力追溯原因，這股預感會在這兩個階段之間悄然浮現。因此，等我發現到這股預感時，總是為時已晚。

我像往常一樣趴在床上，這姿勢壓迫著兩側乳房，讓我感覺有些許不舒服。乳房變得有點硬，像是裡面長了腫塊，長達兩週的經前症候群就此拉開序幕。

不知不覺間，察覺到性慾從心底深處開始緩緩顯露，平時甚至會忘其存在的性器官，此刻存在感越來越鮮明。身體的感官會在各種情境下猝不及防地提醒我。

當我稍微張開雙腿坐下，原本合攏的小陰唇隨姿勢張開，這個過程令我格外在意，能從生殖器明顯感受到如心跳般的規律跳動；當我趴在床上看書時，毫無預警地感到棉被下的陰蒂腫脹了起來，這些徵兆總是在每一個平凡時刻突然而至。在這當下，就像從冬眠中甦醒一樣，我全身的感官變得敏感，並且氣勢洶洶地爭相湧現。

在這個時期，過去兩週平靜無波的食慾漸漸開始有了變化。每當想吃某樣食物的慾望如同神的啟示般浮現在腦海，就非得吃到不可，而且通常都是那種超辣的食物。如果食慾浮現後一直沒吃到那樣食物，不管你怎麼努力遏止自己去想，過了一天、兩天、一週，甚至過了兩週，時間過再久，那股慾望也不會消失。如果吃不到想吃的東西，我會一整天都擺脫不了這個想法，根本無心做其他事情。在這種情況

下，只要坐上餐桌，胃彷彿是無底洞，即使其他人都放下筷子了，但你還會繼續吃。隨著一天天過去，食慾只會越來越強，自己也無法控制。

微弱的不祥預感在黑暗中逐漸顯露其真面目。想勉強跟上靜悄卻快速進展的身體變化，卻被不停流逝的時間拋在後頭。

自我懷疑

從遠方如波浪般撲湧而來的不只有性慾和食慾。從某個時間點開始，我一點一點地挖鑿出一個洞穴，為即將到來的深潛時刻做準備。隱隱蔓延的憂鬱感，才是讓我變得極為脆弱又無力的主因。

處於經前症候群的女性會比平時更情緒化、敏感且憂鬱，但許多人都對此抱有誤會，想像出一些漫畫場景，像是：仰望夜空中的月亮就變得莫名感性、低頭看到路邊的落葉便潸然淚下之類的。當然，也有些人會經歷類似的情緒變化，只是，經前症候群綜合了許多症狀，不能一概而論，也無法

明確區分出有哪些類型。就像即便同樣都有憂鬱症狀，每個人所經歷的憂鬱也絕對不會是相同的。

然而，我的憂鬱相當具體，有確切的對象與樣貌。在某個瞬間，賀爾蒙彷彿潰堤般，憂鬱感全面湧來，理智追不上急遽變化的情緒而感到慌亂失措，陷入看不清邊際的模糊領域中，過一段時間後，我通常便能夠釐清思緒。

讓我變得憂鬱的原因為何？又是什麼讓我感到悲傷？答案總是不同的。

許多人認為女性每個月在經前所經歷的症狀都是一樣的，實則不然。每個月一再迎來歷時兩週的經前症候群，而每個月都是不同的新體驗，每次的狀況都跟上次不一樣。每當面對讓自己驚慌的嶄新且陌生的情緒領域，我會把自己當作開拓新領域的先驅，以這種心態去接受自己的憂鬱症狀。

不過，如果相似的情緒經常不斷反覆出現，可能是因為心裡有某個癥結一直沒有解決才會如此，這令我感到十分沮喪，在此同時，我也會做出一些不同的因應措施，像是聽音樂、看電影、寫作、徹夜不眠，或者把自己關在房裡大哭一場。

這就是憂鬱造訪我的歷程。每個月，使我憂鬱的事情總會在生活周遭定期發生，這些事涵蓋了廣泛領域，從人際關係的衝突，到工作失誤、自尊心受損、社會亂象、極度焦慮、對新嘗試覺得惶恐或對永恆的盡頭感到畏懼，以及對於自身的存在、身分與起源陷入苦思。它以各種樣貌出現，如徹骨的孤獨感、無可救藥的沮喪、無止盡的負面迴圈，還有既陌生也熟悉的自我嫌惡。

　　隨著月經的臨近，我越是陷入那些一直縈繞在身邊的憂鬱源頭，也越痛苦。我開始糾結於那些沒有答案的問題，或是再次煩惱那些已有答案的問題。為何我始終漂流不定？將來我真的能找到一個安頓身心的地方嗎？有朝一日能夠停止這些沒有盡頭的反覆詰問嗎？我能去愛一個人並建立真摯的伴侶關係嗎？這個世界和我的生活會不會變得更好？我還能繼續活在這世界上嗎？我對自身的存在理由與生命的意義提出質疑，然後，對一無所獲的結果而深感挫折。

　　因為尚未察覺到悄無聲息靠近的憂鬱，所以我經常自我懷疑：我現在感受到的憂鬱真的是因為經前症候群嗎？雖然想把它單純看作賀爾蒙導致的症狀並忽略它，但我的感受太

過敏銳且痛苦了。即使每個月都會重複一次這樣的流程，但我還是每一次都忍不住懷疑：這真的是經前症候群嗎？它會帶來這麼具體的痛苦嗎？我所承受的一切真的都只是賀爾蒙在搞鬼嗎？我無法相信這個事實，所以不斷地懷疑自己。

　　然而，到目前為止感受到的那股微弱的不祥預感與憂鬱，跟接下來的日子相比根本是九牛一毛。經前症候群的地獄，在經前一週才算真正拉開序幕。

經前症候群
地獄的開始

經前7天

　　嘴角周圍的紅色膿包開始不受控制地冒出來，彷彿是經前症候群以砲擊宣告開戰。

　　經前在嘴巴和下巴周圍蔓延的痘痘是賀爾蒙造成的，所以無論再怎麼保養護膚都無濟於事。即便把膿擠出來，沒過多久，其他地方又會冒出新的痘痘。這種膿包型痘痘摸起來很痛而且存在感超強，就算不照鏡子也能感覺到臉的某處長出痘痘。

　　到了排卵期，臉上也會冒痘痘，通常會出現在嘴巴周邊、下巴，甚至下巴下方的脖子也會有。這段期間，不管你

如何調整自己的身體狀態、改變飲食內容都沒有用，因為這些方式並無法控制賀爾蒙。

當然，如果你睡眠品質不佳，或是喜歡吃一些有害健康的食物，經前症候群會更加嚴重，但即使你的生活一切正常，法力無邊的賀爾蒙依然還是會無條件賜予你惱人的痘痘。長痘痘是必然的現象，調整身體狀態的有無，差別只在於你是讓原本該冒的痘痘更加蔓延或把量控制在最少的程度。

昨晚，感覺人中右側有點紅腫發熱，我猜應該很快就會長痘痘，但也沒辦法預防，所以就放著不管了。聽說茶樹精油對痘痘有幫助，我就買來塗了整臉，也在藥局買過昂貴的祛痘藥膏，也擦過皮膚科醫師開的藥膏，或是認真吃一些對皮膚好的維他命，還買了一堆面膜，每天敷一片。

為了跟痘痘對抗，不知道花了多少錢，只要能預防痘痘，連靈魂都能賣給魔鬼，懷抱著如此迫切的心情，只要聽說什麼產品有用就馬上買單，但最後全都徒勞無功。不管做了什麼預防措施，痘痘就是會從它該長的地方冒出來。

早上醒來，原本紅腫發熱的地方果然長了痘痘，我一點也不意外。看著鏡子裡的自己，感到極度煩躁，下巴上的超

大痘痘還沒消掉，人中又長個新的，心情真的超級不爽。

　　當你臉上開始冒痘痘，對外表的自信就會急遽下降。當有人看著我的臉時，我會想在心裡咒罵我的痘痘，內心升起嚴重的被害妄想。這時如果有人直接提到：「咦，你臉上長了個痘痘耶！」心中核彈會瞬間爆發，羞愧得滿臉通紅，只能以笑帶過。

　　起初，我試圖用化妝來掩蓋痘痘，塗上厚厚的遮瑕膏，但這造成了惡性循環。後來，為了保護痘痘，我貼上了痘痘貼，但貼了之後我整天都提心吊膽，在跟人聊天、吃飯時，就連喝水也都戰戰兢兢。因為痘痘大多長在嘴巴周圍，所以當我說話、大笑、喝水、吃飯的時候，痘痘貼帶來的異物感讓我很不舒服。細微的壓力逐漸累積，一整天下來讓我的身心疲憊不堪，而這樣的日子在月經來之前會持續一個星期。

　　冷酷無情的賀爾蒙肆虐，激起平時壓抑的各種慾望。這段期間，我的食慾已超出我所能掌控的範圍，當我的身體下指令「吃這個、吃那個」時，我只能聽命行事。多年經驗告訴我，順從食慾才是最佳解。

　　某天的晚上十點，我接收到賀爾蒙指令，要我去吃辣炒

年糕，我企圖無視、堅決反抗，結果下場不怎麼好。如果你不想要隔天凌晨兩點突然胃口大開狂吃泡麵、每晚瘋狂找美食直播影片來看，也不想變成一個對世間萬物感到憤怒的人格障礙者，我勸你最好還是乖乖服從身體提出的要求。有些女性在這個時期會特別喜歡吃甜食，而我則是無法拒絕所有紅色的食物，辣炒年糕、辣雞爪、辣炒血腸大腸、泡菜鍋、辣炒軟骨肉、辣豬腳、辣炒雞肉、辣味泡麵……族繁不及備載。

食慾增加，體重當然也會跟著上升，我雖然沒有實際測量過體重增加了幾公斤，但包含我自己在內的大多數女性，在月經來之前通常體重會增加一到兩公斤，多者甚至會增加三到四公斤。

變胖這件事，自己是最敏感也最先察覺到的人，因為你會感到身體變得沉重，小腹也有些膨起，但很多人似乎總會忽略是因為月經快來了的緣故，當著你的面說：「哦，你變胖了耶」，聽到這種話，一顆核彈又在我心裡爆炸，瞬間腦充血加上滿腔怒火，但我還是會努力抑制情緒。面對這種人，無論你顯露出多麼不爽的反應，他也不會改掉隨意批評他人外貌的惡習。拋下理智任意暴飲暴食後又陷入自我厭惡且後悔

之中，這樣的狀態會持續一週。

　　每個月都必須承受變化莫測的月經週期，因此女性很難維持一個穩定的體重。當賀爾蒙作亂，體重就會不受控制地增加。大部分女性在經前體重會增加，經期開始後又會變瘦，在一個以嚴苛審美標準看待女性的社會裡，或許兩者應該要反過來。為了我的心理健康，我盡量避免在經前接觸任何跟體重相關的負面壓力，但前提是周圍的人不在我面前提起這話題。

　　其實我對自己的體型還算滿意，不太在意體重升降。但問題是，你在經前吃了什麼會決定你在經期有多痛苦。如果經前吃了太多辛辣油膩的食物或不健康的速食，經期絕對會迎來加倍嚴重的經痛。

　　有一次，考試期間碰上經前症候群，平時不喝咖啡的我在那一週猛喝，過著日夜顛倒的生活，當月經來的時候，不騙你，我真的痛到快死了。因為經痛比平時嚴重兩三倍，根本無法好好準備考試，在經歷那次痛苦之後，我就盡量避免喝咖啡了。不過，有時候事態很難在我的掌控之下，如果經前剛好要推動一個重要的專案，無法好好睡覺，打亂了作

息，經前症候群的症狀不只會惡化好幾倍，在經期開始後，還會承受痛苦數倍的經痛，彷彿是在懲罰我過去的所做所為。

這種時候，心裡總會充滿怨懟，為什麼我跟其他人一樣辛苦工作，但只有我得承受這種痛苦？為什麼大家一樣都睡不好、吃不健康的食物，但只有我的身體會出現這種反應？我到底做錯了什麼，得要承受子宮如此的折磨？怨懟裡湧現出無窮無盡的問題，但我卻想不出一個合理的解答，只好告訴自己：這也是無可奈何的事吧……只能說服自己接受現況。

解放乳房！

從排卵期開始，乳房會因賀爾蒙的影響而脹大，感到胸部緊縮變硬，稍微壓到就會痛，有時甚至會有嚴重的刺痛感。除此之外，如果體重增加，胸部自然也會變大，本來就因賀爾蒙作用而脹大的乳房，如果再加上這期間增長的肉，原本穿的內衣就會變得不合身。

另外，在這個時期，乳頭會非常敏感，倘若又穿著太緊且不舒服的內衣，一整天下來根本無法安心做其他事情。平時根本不會有存在感的乳頭，一到了經前便展現其存在感，稍稍碰到就極為敏感的做出反應。綜上所述，乳房在經前會

變得敏感，所以穿內衣會很不舒服。隨著經期的靠近，乳房逐漸脹大，乳頭變得超敏感，只要輕輕掠過衣服都會變硬，讓人極度不適。

每到這個時候，當我每次轉身時，乳頭與衣物的摩擦都讓我感到一陣劇烈的疼痛，彷彿正在流血的傷口，痛到我甚至想把乳頭切除的程度。或許，在那小小的肉塊上存在許多痛覺神經吧。

以前，我會購入幾件比原本尺碼大一號的內衣，以便在排卵期時穿著，但要找到一件適合我的胸型、穿起來又舒服的鋼圈內衣並不容易。因為我的胸部較大，去一般的內衣店都沒有我的尺碼，通常都要特別訂做，但費用相當可觀。如果買便宜的量產內衣，不但不合身，而且乳房受擠壓，會感到很不舒服。不僅如此，廉價的鋼圈內衣通常進洗衣機洗一次鋼圈就會變形，不得不丟掉。

想要買符合我的胸型且品質不錯的品牌內衣，一件至少也要花費十萬韓圜，對於還是學生的我來說，這價格是一筆沉重的負擔。我不可能每天都穿同一件內衣，我存了好幾個月的打工薪水，終於存夠錢買兩件平時穿的內衣和兩件月經

來之前穿的大一號內衣。即使如此，內衣也沒辦法買一次就能穿一輩子，我必須持續支出這筆費用。

鋼圈內衣的缺點不只一個，穿著內衣吃飯時，鋼圈會壓迫到胃，導致消化不良；還有，在我胸部中線下方的心口常淤結著腫塊，當我用力按壓那個地方，總會痛得讓我淚流滿面，我想這是內衣造成的慢性消化不良；另外，因為胸部周圍的血液循環不好，總讓我感到胸悶及胸痛；再加上，夏天時內衣肩帶會被汗水浸溼、勒進肉裡，甚至會造成傷口。

胸部大為我帶來了許多不便。首先，如前面提到的，買內衣要花的錢超乎想像；每當有內衣折扣活動或促銷時，通常都選不到我的尺碼；跑步時，因為胸部晃動而疼痛；而且，因為胸太大，買衣服時有很多限制，在日常生活中也會衍生出各種麻煩與不適。

總之，胸部大並沒有什麼好處，但女孩們卻常對此投以羨慕眼光。在我就讀女子高中時，因胸部而廣受關注，隔壁班同學還特地跑來問我：「你就是那個胸部很大的女生對吧？」大家都很羨慕我的胸部，每當這種時候，我也莫名感到有些得意。不過，我內心產生了疑問：為什麼胸部大就是

好呢？明明生活中就有許多不便呀。難道只是因為男人喜歡，即便有諸多不便，也要擁有大胸部比較好嗎？

我突然想起了奶奶對我說過，因為我的胸部大，所以一定要好好穿上內衣才不會下垂。為什麼胸部不能下垂？誰為女人定下了「胸部得要大且豐滿」這種標準？雖然我不知道是誰，但想必不是女人定的。這樣的標準傳遞出的訊息是：女人唯一的可取之處就是有對大胸部。

不記得從什麼時候開始，我決定不再為了男人而特別關照我的胸部。我不想繼續花費巨資買一件能讓胸型看起來更好看的鋼圈內衣，也不想要日夜都穿著緊縛著我的內衣，同時還得忍受消化不良的痛苦。乳房是否下垂、胸部大或小，對我來說並不重要。隨著年紀增長，自然而然身上的肉也會鬆弛下垂，不只是胸部，身上所有的肉都一樣。我不願成為一個拚命與衰老抗爭的人，我的志趣不在這些無用的事情上。

因此，讀高中時，我經常不穿內衣去上學，尤其是在考試期間，我不希望把寶貴的注意力花在緊繃難受的內衣上，所以絕對不會穿內衣去（事實上，「不穿內衣」這個敘述不怎麼恰當，因為「不穿」的前提是「應該穿」，最近有另一種說

法稱為「脫離內衣」）。在冬天制服和運動服底下再搭件無袖背心，根本看不出我沒穿內衣。

不過，就算被別人發現也無所謂，我以自我意志決定要怎麼對待我的身體，旁人有權利對我說什麼嗎？當我不穿內衣去學校，其他女孩們得知後驚惶失色；我不在裙子裡穿煩人的安全褲，當我在校園裡散步時，連一個不認識的隔壁班女生都來找我，要我小心內褲被人看見。我明明已經穿著裙子了，為什麼還得在裡面穿一件安全褲？那我乾脆穿褲子就好了啊。我覺得在裙子裡另外穿一件短褲這種做法真的很奇怪。

穿安全褲的理由是為了防止有人偷窺裙裡，但這不是我應該防範的事情，是那些想偷窺的人該好好管制自己的行為才對。我沒辦法為了杜悠悠之口再花錢買制服褲，但又只有一套制服裙，只好大部分時間都穿著運動服上學。早上穿著制服裙進校門之後，再從教室置物櫃裡拿出運動褲換上。要是在走廊上遠遠看到訓導主任走來，會趕緊逃跑，以免因為穿運動褲而被罵。現在想起來，真是一種毫無正面意義且極其詭異的文化。

某天早上，我和平常一樣不穿內衣去上學，公車上擠滿了我們學校的女學生及附近男校的學生。當時，我突然感到乳頭傳來一種奇怪的感覺。起初我沒多想，下意識的用手揮了幾下，但那種奇怪的感覺依然存在。過了好一陣子，我才搞清楚是怎麼回事。我猛然往旁邊看，有個男生正用他的指尖觸摸我的乳頭。

　　我平時總發下豪語，要是我被性騷擾，一定會高聲呼救，還要讓對方生不如死，但真的碰到這種事卻頓時陷入恐慌，我甚至無法轉頭看那人。在全身僵硬的狀態之下，我幾次稍稍轉動上身閃避，那人終於放棄了。

　　那時，腦中還無法理解當下的狀況，等到下車後，我才意識到：啊，我被性騷擾了。

　　事發當下，我驚惶失措，大腦一片空白，接著，油然而生的恐懼讓我落淚，然後便感到滿心的憤怒。與其說是對騷擾者的憤怒，不如說是對沒有即時反應的自己生氣。為什麼那時候沒有高聲呼叫引來其他人關注？為什麼沒辦法直視那人的眼睛並質問他現在在做什麼？要是報警，這種程度的騷擾會讓他受到什麼樣的處罰？但是我如何證明他摸過我的乳頭呢？如果他不承認的話不就完了嗎？

想到這裡，一股無力感充斥全身。自從那天之後，我捨棄原本的理念，再次穿著內衣去上學。外出不穿內衣，好像就會被別人死盯著我的胸部看或是遭遇性騷擾。就這樣，我對世間發起的不穿內衣抗爭就此落幕。

　　然而，我相當清楚那件事並不是我的錯，在那時我便有此認知，現在更是堅定不移。女性有權選擇穿或不穿內衣，沒有人可以把這視為禍源來侮辱女性的人格，我始終明白這個道理。我也了解，我不需要為了平白無故受到的委屈而責備自己。無論有沒有穿內衣、是否穿著突顯身材的衣服，性騷擾與性暴力都有可能會發生在任何人身上。

　　錯不在我，錯的是加害者，不該將責任歸咎於受害者而造成二次傷害，應該被懲罰的是加害者。該改變的是這個世界，而不是我。所以，現在起我不再穿內衣了，我不願讓內衣再壓迫乳房、緊縛到喘不過氣。原來能夠如此輕鬆愉快呀，不穿內衣之後我感到無比舒適，按壓胸下的心口也不疼了，消化明顯改善了許多，胸口不再悶痛，血液循環變好，身體也變得輕盈起來，經前的強烈胸痛也幾乎消失了。

　　為什麼只有女性的乳頭得受到世人審查，而男性的乳頭

就可以隨便露出？尚未發育隆起的女嬰和正在哺乳的媽媽露出胸部，大家不會覺得有問題；罹患女乳症導致乳房隆起的男性露出乳頭也沒問題，因為那是男性的乳房。乳頭的審查基準究竟是什麼？到底是誰、基於何種原因、又是憑藉什麼基準在審查女性的乳房？為何只有女性的乳頭代表著色情、羞恥而必須掩藏起來？我開始質疑為什麼只有女性必須穿上

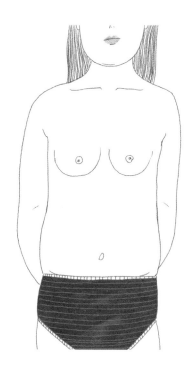

如此不舒服的內衣而男性卻不用穿，同時也開始對所有的女性用品及女性服裝產生了疑問。

為什麼女用內褲的樣式是會壓迫與勒緊外陰部的三角褲？為什麼女性連嘗試四角內褲的機會都沒有？內褲如果太緊身且材質不透氣會導致陰道炎，不利於生殖器健康。但是，許多女性為了外觀好看，會選擇材質透氣性差、垂墜著不必要的綁帶與蕾絲裝飾且尺碼小一號的內褲。如果再加上經常穿著褲襪，就更不通風了，也妨礙身體排出濕氣，提高了罹患膀胱炎的風險。

比基尼泳裝也令人匪夷所思，為什麼男性可以隨心所欲袒露上身，只穿件四角泳褲，而女性就得穿著幾乎無法遮蓋重要部位的性感比基尼？女性之所以必須沿著比基尼線除毛，也是因為那過於貼身的三角形泳褲。為什麼只有女人得要受這種苦？

美甲也是件惱人的事情，為什麼有害健康且帶來諸多不便的美甲是專為女性設計的呢？化粧美容也是一樣的道理，半永久眼線、接睫毛和燙睫毛，會對眼睛帶來莫大傷害，而且大部分的市售化妝品都會危害皮膚健康，容易造成皮膚發炎。

接著說到高跟鞋，為什麼只有女性會穿對腳板和腳踝有害、嚴重甚至會導致腳趾變形、關節炎和椎間盤突出的高跟鞋？為什麼只有女性的乳頭要受到世人審查？為什麼女性得要付出金錢、努力和時間來保持腋下光潔無毛？為什麼穿裙子之前要費力地把腿毛除得一乾二淨？擔心風吹起裙襬會露出內褲，於是得東遮西掩、讓人超困擾的短裙也是同樣道理。還有，緊身牛仔褲會妨礙血液循環、露臍上衣會露出腹部、平口露肩上衣則會限制了你的動作。

再來談談生理用品，長久以來大家放心使用的生理用品竟然充滿了對女性健康有致命危害的有害物質。社會賦予女性不切實際的審美標準，讓女性穿上塑身衣緊緊束起自己的身體，用強硬手段將肉束緊，穿起來相當難受，更重要的是會影響女性的身體健康。

一直以來，社會風氣將女性關注的議題導向美容、育兒、烹飪等方面，而關於女性健康的問題卻從未被放大討論。我們必須深刻體認到，充斥在生活中的女性用品都在嚴重危害我們的健康。

擺脫塑身衣是一個旨在打破社會規範之女性特質的政

治運動，同時也是一個與健康息息相關的問題，因為在父權社會中，女性經常得裹上會危害自身健康的塑身衣。月經禁忌也在相同的脈絡之下產生，這是社會風氣對女性特質的脅迫，也直接影響到女性的健康。

所以，首先，讓我們脫掉那緊縛著乳房的內衣吧。你的呼吸會從此改變，生活將有所不同，沒有內衣的世界無比美好，釋放你的乳房吧！

#Free the nipple!

性解放

經前5天

在日常生活中，我得要努力壓抑的慾望不只有食慾。到了排卵期，性慾也會增長，我平時對性的欲求相當淡薄，但到了經前一週左右，我的身體彷彿被別人附身了一樣，性慾開始猛烈飛漲。一旦性慾衝破防線，我也只能對賀爾蒙的命令言聽計從。

在韓國，女性的性行為離不開繁衍目的，能夠滿足純粹性慾望的「自慰行為」，顯然只允許男性獨有的權利。在厭女社會當中，女性必須表現得像個無性戀者。不過，超乎眾人預期的是，女人也有性慾！而且還很旺盛！每個月我都會體

驗到超出忍耐極限的性慾，這種情況下，最好的解決辦法就是自慰。

男人們的言談舉止就彷彿世上所有人都應該知道並理解他們會自慰是一件理所當然的事。另一方面，女人聚在一起時並不會經常提到關於自慰的話題。雖然會自慰的女性比想像中還多，但與此同時，大多數女性在自慰時會自我審判並感到內疚，認為自慰讓自己成為一個不道德且低俗的人。

現在，仍有許多女性對於觸摸或端詳自己的生殖器抱持著罪惡感，還有些女性擔心自慰次數過多會導致生殖器顏色改變。試著舉起你的手指，在另一邊的手腕上用力摩擦好一會兒，並且連續五天做一樣的動作，摩擦處會變黑嗎？會變色嗎？不可能。因為自慰或性行為而影響女性生殖器的形狀或顏色的例子極為罕見，那當然是一個沒有科學根據的謠言。

但實際上，這類謠言正是根源於厭女文化。有種說法是，性經驗豐富且關係混亂的女人，生殖器會鬆弛且顏色較深。女人在性方面應該保持單純、守身如玉、潔身自好、不追求性慾、保持貞潔，直到把貞操獻給一個男人——集結了各種陳腐守舊且毫無說服力的形容詞，但驚人的是，這些厭

女觀念仍然潛伏在我們的潛意識中。活在這樣的社會裡，女性會煩惱要不要美白自己的小陰唇、會接受處女膜（陰道冠）重建手術、會不假思索地進行陰道緊縮手術。這是多麼畸形的社會。

女人有性慾，女人也會自慰，因為女人也是會分泌性荷爾蒙的人類，我不知道還要經歷多長時間才能讓世界理解這種常識，事實如此，我只是把它寫出來。在月經來之前，我的性慾會增加，於是以自慰方式解決。然而，即便有性慾，也並不意味著想和隨便個誰發生性關係（我眼光可是很高的！）。

若你有戀人或伴侶，便能發生性關係，但即使有戀人，有時候還比不上自慰來得好。世上沒有比自慰更健康、安全且成熟的性行為了。自慰，是與自己建立關係的一種行為，是探索、凝視、愛撫自己身體的時間，也是讓我更愛自己的一段時間。

男人自慰只要達到射精就結束了，女人則不同，自慰可以是一個小時、兩個小時，甚至能持續一整天。女人自慰的方式更是花樣百出，刺激陰蒂、以手指或其他工具插入陰

道、擠壓陰部等等，以各式各樣的方法運用不同工具來自慰。

　　追溯回憶，我第一次自慰好像是在上小學之前或小學低年級的時候，我不經意發現觸摸生殖器感覺很舒服，當時連自慰是什麼都沒聽過，更不知道這是一種性行為。我還記得，我以一種好似在說摸手肘很舒服般的平常語氣告訴表姊這件事：「姊，這樣摸這裡很舒服耶，很奇妙吧？」

　　我至今仍未忘記這段回憶，如此難以忘懷，看來我是真的很喜歡那股舒服感。在那之後，大約是在讀國中的時候了解何謂自慰，並且開始自慰。以前，我總會在自慰之後感到極度的羞愧、懊悔、自我厭惡、罪惡感，而陷入憂鬱之中。甚至在自慰過程中，我也莫名感到似乎有某人正在監視著我，彷彿是被關在圓形監獄（panopticon）裡的因犯。最起碼，神也會從天上看著我在做什麼吧？不過，現在的我會抱著「神呀，祢想看就看吧！」的心情一邊自慰。

　　我摸我自己的身體，這有什麼問題呢？我以適當方式釋放性慾，藉這個方式控制性慾而不是受到性慾的支配。所謂的控制性慾，並非壓抑慾望且視之為毒蛇猛獸，而是以健康、自然的態度接受身體的欲求，並且透過安全方式釋放慾望。

所以，讓我們一起將手放進內褲裡面吧！讓我們花費大量時間與精力去探索自己該用何種方式撫摸哪裡會感受到快感吧！沒有人比我更了解自己的生殖器，就連戀人也不比我清楚，最了解自己身體的人一定是我。如果每當有性慾時都要仰賴他人來解決，那是很可悲的。

　　自慰帶給我無上的快感與滿足感，這是再自然不過的了，因為我是最了解自己身體的人。所以，給予生殖器自由並積極的去愛它吧！釋放自己的性慾吧！直到那時，我才能真正愛上自己的身體。

自我厭惡

到了這個時期，我已經很難在賀爾蒙的狂風暴雨中站穩腳跟。我的月經週期總是不規律，所以我無法確實掌握月經什麼時候會來。不過，大約在月經來的前三天會有預感，即便說不準確定的時間，但可以預料就在這幾天會來。因為我的整個身體都在向我發出預警：月經就快來了。

在這個時期，睡眠時間變多了，無論睡多久都還是覺得累，就像在下雨天一樣，我整個人無精打采、提不起勁。胸部與背部持續傳來刺痛感、如脫韁野馬般的食慾與性慾更加肆無忌憚、嘴巴和下巴周圍爭相怒放的痘痘蔓延到臉頰、頭

髮毛躁乾澀、體重增加，平時穿的褲子鈕扣根本扣不上。然而，最難忍受的是從四面八方壓迫而來的憂鬱感，原先未能釐清的那股不祥預感，已現出真面目並逼近眼前。

我在每一次經前症候群期間所感受到的憂鬱感都不太相同，這次找上門的是一股令人心煩的自我厭惡。當我站在鏡子前，清晰映照出我的全身，隨著年紀增長而胸部隆起，小腹也多了點贅肉；我對上臂特別在意，所以不常穿無袖的衣服；因為大腿跟屁股肉太多，褲子變得很緊；近年由於體重增加，臉頰跟下巴也變圓了；無情的超大痘痘接連從臉上冒出，有快要破的膿包痘痘、剛冒出來的紅色痘痘，還有一些擠痘痘後留下的暗紅色痘疤；粗糙的皮膚紋理與毛孔，以及睡再多卻依然疲倦而加深的黑眼圈。

鏡中一切盡收我的眼裡，因為經前症候群的影響而構成的外貌殘酷地在我的心劃下一刀又一刀。

真醜。

我把視線從鏡子上移開。真討厭！沒有人像我這麼醜！我為什麼會長這樣？為什麼我得要經歷如此可怕又煩人的經前症候群？為什麼我總是要反覆承受這樣起伏不定的情緒變化？像我這種人真的有活著的價值嗎？是有資格被愛的人

嗎？這世上會有人真心喜歡我嗎？即便自知這樣的提問毫無意義，但我還是無法阻止從內心深處升起的自我厭惡。

那一刻，我突然感覺彷彿這個世界只剩下我一個人，原本立足且支撐著我的所有基礎都在崩塌，彷彿在嘲笑著我，要我明白一切事物不過是虛幻泡影。在這世上，我既沒有歸屬之地，也無法與任何一個地方產生聯繫。好孤獨，我感到徹骨的寒冷。

會有人能給予我慰藉嗎？有人能夠理解我嗎？我雖然對於獨處感到畏懼與不安，但我更害怕他人對我伸出援手。懸而未決的問題重新湧現，未解決的心理創傷再度被擴大。那些也許早已有所改變的事情、所有已經結束的關係，此刻如潮水般湧來，將我淹沒。

　　那時候我為什麼要那樣說呢？那時候我為什麼不那樣說呢？那時候他為什麼要跟我分手？那時候我為什麼要跟他分手？那時候媽媽為什麼要對我說那種話？那時候我為什麼要對媽媽說那種話？那時候我為什麼不能更忠於自我呢？那時候我為什麼不能更小心一點呢？為什麼？為什麼？為什麼？

　　所有被掩蓋的傷口，又再次被痛苦地揭開。我絕對是個蠢貨，應該沒有其他像我這樣自私、愚蠢、糊塗又懶惰的人了。不，很明顯的，我就是個品行低劣的人，我為什麼會變成這種人？我不想這樣活著。像我這樣的人，未來只有一片黯淡，就這樣，沒辦法卸下無意義人生的韁繩，乏味無趣地活著，最後就這麼死去，應該只能這樣吧。如果未來只有痛苦，我為什麼要忍受這一切繼續活下去？

　　我無法遏止這些悲觀的想法，眼前似乎綿延著一堵無盡、陰暗且堅硬的牆，那是一道巨大且冰冷的銅牆鐵壁，任

何光線都無法穿透。我沒有信心能打破這道牆逃脫出去、我沒有這麼大的力氣、我不夠強、我不相信我自己，腦中充滿了負面思考。

好憂鬱，當質疑與厭惡感同時浮現，令人作嘔的自我懷疑與自我憎恨再次抬頭，當下的憂鬱確實來自經前症候群嗎？這種鮮明的疼痛感只是賀爾蒙週期所導致的嗎？雖然月經的確是快來了，但原因應該不僅僅是經前症候群吧？唉，其實追究原因也不重要，不管是不是因為經前症候群、無論賀爾蒙是否影響了我的情緒，我現在都很憂鬱，而且光是要承受這股憂鬱就已耗盡心力。

明明不太餓，卻總是覺得胃好空，一直找食物塞進嘴巴裡。如果可以把貪吃都歸咎於天氣太冷之類的理由就好了，心裡也會舒服一點。當人們想用食物以外的東西填飽肚子時，他們會怎麼做？

憂鬱的海洋

　　到了這個時期，我通常會陷入深不見底的憂鬱裡，爬進至今一點一點挖出來的洞穴，把門緊緊鎖上。之後，便深深潛入憂鬱的海洋之中。

　　對我來說，憂鬱並不是突然間從無到有的東西，它就像影子般在我身邊片刻不離身。差別只在於我是否敏銳察覺到它的存在，或者沒留心就這麼忽略過去。在經前變得極其敏感的身體感官，比平時更精準地識別出那股憂鬱感並做出反應。

　　我佯裝若無其事，壓抑著自己的情緒，與朋友歡笑嬉

鬧，就這樣過了一週、兩週，到了今天我終於再也受不了了。下課後，我在百貨公司徘徊了幾個小時，吃了難吃又昂貴的食物、買了不喜歡但因為沒衣服穿而不得不買的大衣和針織外套。回到家後，我的心一片空虛，想好好大哭一場，卻流不出眼淚。我蹲坐在床上，讀了一首悲傷的詩，落下一滴眼淚；聽了一首憂鬱的歌，又流了一行淚。

我才知道，原來我光靠自己是哭不出來的。我一向明白自己無法在他人面前落淚，因為我非常害怕向別人坦露我的感受，在看電影或閱讀書籍時就能哭得淚如雨下，但要是跟其他人共處，即使除了我之外的大家都哭了，我也還是哭不出來，其他人看向我的視線彷彿緊緊鎖住了我的淚腺。不過，我不知道自己就連獨處時也無法流下眼淚。

為了哭泣，我需要一種媒介，像是電影、音樂或書籍，我必須將情緒投射到外界某樣東西上才能哭得出來，真是可悲，竟然連獨處的時候都無法坦率面對自己，可憐至極。就這樣靜靜坐在房間裡，突然間，當我對自身存在感到陌生且新奇的當下，我在獨自一人待著的房間裡呼喊出自己的名字。「玧周啊！」那一刻，眼淚不由自主地落下，我就像個孩子般的嚎啕大哭了幾分鐘。

一路走來，花了這麼長的時間，才終於等到這一刻。我呼喚自己的聲音是如此溫暖，溫暖得讓我放聲痛哭了許久。

　　大哭一場之後，我仔細地端詳著自己這副看來陌生的身體。前臂上有一根特別纖細的體毛，我專注地觀察它在皮膚上立起及垂伏的模樣；我抓住自己的手，用五根手指輕撫我的手背和手腕、觸摸我的指甲，它們是如此小巧透紅，讓我忍不住哭了。我的指甲原來是長這樣的嗎？一股感動觸發了淚腺開關，又不禁淚流滿面。

　　這令我重新體認到，眼睛長在臉部正面，因此我永遠無法看見自己的整張臉，我不可能看見自己的笑容與哭泣的表情，只能透過其他事物的映照才能看見自己的樣貌，於是我們會去談戀愛、生小孩以及照鏡子。然而，我能夠看見自己的指甲，它們就近在眼前，我可以關照著這些小小的指甲們變長、剪短、再增長。即使我變老變醜，指甲們卻不會改變樣貌，依舊如此小巧透紅，這讓我的眼淚停不下來。

　　聽歌手尹尚的歌、讀作家韓江的詩，助我撐過那些想哭的時刻。啊，用「撐」來形容好像不太好，應該說是「度過」了憂鬱時刻。我的痛苦僅與自己有關，因為我已決心去

愛我的憂鬱，不去減少、忽略或誇大這份感覺，就這麼生活下去。長大成人後，我體會到一個普世真理，那就是黑暗總有一天會消失，光明終會到來。因此，我將時時刻刻活在當下，等待著黑暗過後的燦爛光明來臨。

衝動

　　早晨一醒來，一股沉甸甸的抑鬱感如潮水般向我襲來，感到無比沉重、全身無力，我看了看外頭是否在下雨，但沒有。肚子餓了，於是簡單快速地解決了午餐，但仍然感覺不夠飽。經前食慾太旺盛，好似填不滿的無底洞，就算像喝水一樣咕嚕嚕地把食物倒進肚子裡，還是會覺得餓。像這樣失控進食，身上的肉也隨之脫序增長，所以我討厭照鏡子。

　　我整張臉會變紅發熱，月經來之前皮膚瘋狂冒痘的主要因素是賀爾蒙，但除此之外，我經常感到臉部發燙，也不知道原因是什麼。感到臉上又熱又疼，即使不照鏡子，我也知

道自己一定滿臉通紅，所以我討厭照鏡子。

　　心情跌到谷底，提不起一絲精力出門。把自己關在房間裡，像浸過水的棉花似的，沉重地癱在床上好幾個小時，抑鬱感更加深刻。與此同時，令人躁動的性慾莫名升起。我真恨賀爾蒙，厭惡到了極點。

　　明明睡了很久，但卻依然渾身疲倦，我可是睡了十個小時呀。月經越靠近，睡眠時間也變得更長。在亮晃晃的陽光下，每次眨眼似有火花四濺；耳邊彷彿聽見不知從哪傳來的雜音；欲開口說話，聲音卻發不出去，只留在我的身體裡嗡嗡迴盪著。

　　我感到有什麼從我的陰道裡流出，去廁所檢查，卻只是白帶，頓時氣力全失。還沒到梅雨季，全身卻像被水浸濕似的萎靡不振，雙腿完全使不上力氣，勉強拖著腳往前走，全身精疲力盡。現在變得沒什麼胃口，不過喉嚨一直覺得好乾，於是我喝了大約兩公升的水。

　　上課的時候，我突然覺得悶得難受、快喘不過氣來，只好趕緊跑出教室。好像有什麼在我心底不停煽動著，讓我實在沒辦法繼續坐在裡頭。我走出教學大樓，呼吸新鮮空氣，坐在學校裡我最喜歡的長椅上，把耳機放進耳朵，心終於平

靜了一些。

　　最近，有時心裡會突然湧現一股難以忍受的衝動。會因為一些瑣碎小事而生氣；看到負面的新聞報導時，我的憤怒甚至會飆升到影響日常生活的地步；也會一時衝動而脫口說出不該說的話，當這種情況發生時，我總是在話說出口的瞬間就開始後悔，之後留下的只有徹底的自我厭惡。有時候，走在街上，會沒來由地冒出一種想挑釁路人的衝動。程度嚴重時，我在搭公車或地鐵時會選擇用站的而不坐在位子上，因為在那種狀態下很容易只因為我的眼神和坐姿就與他人起爭執。

　　在今天以前，我還下定決心要平和接納經前症候群與每個月捲土重來的憂鬱週期，並專注於當下的情緒，但實際上不如我想得那麼容易。今天，怒氣像無聲的熔岩般持續沸騰，這讓我覺得很委屈。為什麼我得要經歷比別人更痛苦的經前症候群？為什麼我的賀爾蒙如此不穩定？我到底得承受這樣的日子多久？我究竟該如何捱過每個月循環反覆的憂鬱週期？完全看不到盡頭，使我萬念俱灰。

　　我可以忍受月經本身，但經前承受的一切比月經更讓人

崩潰。我全心全意祈禱我的月經現在立刻就來，只求能結束這令人生厭的經前症候群。我一再向子宮祈求，拜託月經快點開始，我再也承受不了了、我再也沒辦法忍受我自己了。如果子宮之神跟某人打賭看我能撐到什麼時候才會倒下，現在就是該結束賭局的時候了。我再也撐不下去了，再也壓抑不住心中翻湧沸騰的衝動，現在就是終點了，我已經到了忍耐的極限。

月經來了！

　　今天得要連上三節課，連吃飯的時間都沒有。當我在下課時間急著前往下一節課的教室，不知怎地突然有種不祥的預感，下背部傳來一陣抽痛感，覺得有東西從陰道流出來了，不會吧？！一到了下課，我在廁所前排了長長的隊才終於輪到我進去，當我脫下內褲查看，發現上面沾了些微經血。

　　啊，感謝子宮之神，我的月經來了呀！終於能從地獄般的經前症候群逃脫，雖然很感謝，但這樣突如其來，卻讓我手足無措。為了即將到來的月經，我特地在包包裡放了幾片衛生棉，但我一時糊塗而帶了另一個包包出門，結果現在沒

有衛生棉可用。我趕緊扯了一堆衛生紙放進內褲裡，就趕去下一堂課的教室。

幸好及時趕到，我坐在教室內，發訊息詢問了所有認識的女同學：「你有衛生棉嗎？」即使找到有帶的人，但彼此有空的時間對不上，沒辦法面交，而其他人手邊都沒有。我心裡忐忑不安，趁著下課衝去附近超市買了衛生棉。最近手頭拮据，餐費都得節省著用，但我花了五千韓圜買了衛生棉。明明家裡什麼沒有，就衛生棉最多，我卻沒有帶出來。其實我寧願不安也不想多花錢，原本想著就這樣墊著衛生紙撐過最後一堂課，但回家車程得花一個半小時，我實在無法撐這麼久。就只剩一堂課了，只好在沾血的內褲貼上衛生棉，又得淘汰一件珍貴的內褲。

外出時，月經在毫無防備的狀態下突然來了，最大的困擾其實並不是衛生棉，而是當我貼好衛生棉，趕緊進到教室裡坐好，之後便感到下背部開始隱隱作痛並逐漸向上蔓延。經期第一天，經血量很大，幾乎每三個小時就要換一片衛生棉，而更大的問題是會有超出想像的劇烈經痛。

如果你在經痛剛開始時吃止痛藥，就已經太晚了。因為藥劑成分在體內擴散大約需要三十分鐘，所以應該在經痛前

三十分鐘就吃藥，等到你開始察覺疼痛感，一切為時已晚。就我而言，只有特定品牌的止痛藥才有效果，因此總會先買著備用，以防在外頭遭月經突襲，問題就大了。除非是沒有多餘的錢買止痛藥，否則如果當下無法馬上到藥局或因為時間太晚而買不到藥，那就必須得完完整整地經歷一場難以想像的可怕疼痛。需要衛生棉時，因為超市就在學校附近，所以能夠快去快回，但藥局較遠，我沒辦法在課堂途中去一趟。

我試圖把注意力從不安情緒轉到課堂上，卻發現下背部漸漸變得麻痺了。我很害怕，不想在沒有止痛藥的狀態下感受可怕的原始疼痛，但痛感越來越嚴重，到了下課時，我已經痛到幾乎意識渙散。

腰完全直不起來，我整堂課都趴在課桌上，下半身彷彿承受了比平時強一百倍的重力。就像下雨天，潮濕沉重的空氣沉甸甸地壓迫我的全身，腳下似乎有個黑洞張著大大的開口，正把我的下半身往裡吸。教室裡各種嘈雜聲嗡嗡響徹腦門，冷汗如雨般傾盆而下，感覺頭暈眼花，子宮內壁崩落排出的感受太過鮮明。從下背部到骨盆變得脹痛且麻痺，彷彿被人按趴著用棍棒狠狠揍過一頓似的。未曾間斷的刺痛感使我的下半身麻木，稍稍動一下腰，就像被巨大的針刺進肉裡

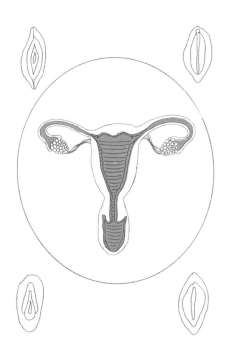

般疼痛，令我忍不住哀鳴。實在太痛苦了，想乾脆睡一覺捱過去，但身上傳來的尖銳疼痛卻不允許我這麼做。

　　下課後，我勉強站起身來，以一副半死不活的樣子，拖著腳步離開。自從有次因為經期失血過多而導致貧血暈倒，在那之後，我總會在經期準備好止痛藥與補鐵劑。但現在藥不在身上，無論身體上還是心理上都感覺自己快要失去意識了。

勉強凝聚渙散的精神，好不容易拖著搖搖晃晃的雙腿走到藥局，我馬上吞了兩顆止痛藥。我通常在經期第一天會吃四到五顆止痛藥，痛到這種程度，只吃一顆藥是沒用的。神奇的是，也許是安慰劑效應的影響，在我把止痛藥吞下喉嚨那一刻，就覺得疼痛緩解了一些。

雖然鬆了口氣，但藥效發揮還需要至少三十分鐘，我走進附近的咖啡館，有如昏倒似的躺了下來。三十分鐘過去，下背部和骨盆的疼痛逐漸消退，只留下了因藥效擴散而導致的恍惚感。吃了止痛藥並不代表疼痛會消失，如同打了麻醉一樣，只是讓痛感變得遲鈍，但那股難受且沉重的感受依然存在。不過，只要能讓折磨人的疼痛消失，就足以成為服用止痛藥的理由。

我今天可能還需要再吃兩到三顆止痛藥才行。起初，一天吃三顆藥就足夠了，但經痛程度日益增長，現在只吃三顆藥已經無法改善症狀。其實，真實狀況與一般人的誤解完全相反，只要遵照包裝上的藥品指示服用，經痛吃止痛藥對健康並無危害，也不會產生抗藥性，因此，也不需要因為擔心對止痛藥產生抗藥性而服用更高劑量的藥物，這也正是導致我的經痛愈發嚴重的原因。

今天被月經殺個措手不及，我為此到底花了多少錢呢？衛生棉、止痛藥、咖啡……全都是原本不必花的錢，也是我無法預先防範的支出；還有，今天無心聽講的課程該怎麼辦呢？因為沒有其他朋友跟我一起選那些課，所以沒有筆記可借；待會的晚餐之約又該如何是好？直到昨天還如此猖狂的食慾已消失得無影無蹤，我的胃口一落千丈，什麼都不想吃，只想回家睡到不省人事。

　　鮮血無止息地從陰道流出，偶爾還會排出溫暖軟滑的血塊。血塊排出後被壓夾在衛生棉和生殖器之間，那種感受是超乎想像的噁心。今天我已經消耗了過多的體力與情緒，下背部還有點刺痛感，我煩惱著要不要再吃一顆止痛藥。

　　我紮起頭髮，失魂落魄地坐在咖啡館裡，一籌莫展地盯著時鐘看。要不要取消約定直接回家呢？儘管我知道自己做不到，但我還是苦苦思索著該怎麼做才能回家。約定時間迫在眉睫，倘若我在這個時間才說不去，一定會被指責是個不守信的人。想到這裡，不由得難過起來。為什麼我的一天就這樣被毀了？滅頂般的疲倦湧上我的眉間。

最後的關卡

　　一早，某種不安情緒促使我在鬧鐘響之前就先醒過來，感覺股溝濕濕黏黏的，我連看都不用看就知道，內褲一定都是血。啊，又漏出來了。在經血量最多的經期第一晚，即使用最長的夜用型衛生棉也總是會後漏到內褲上，雖然這是我在經期第二天經常面對的狀況，但心情還是很不好。從下背部到臀部，沉重得就像有人把一百噸重物綁在我身上似的，連翻身都讓我十分吃力，更別說是起床了。

　　我躺在床上，全身提不起一絲力氣，無止盡地陷入布滿血的股溝之間，抑或是無底的泥灘之下。

要請生理假嗎？我這狀態根本沒辦法去上課，但是今天的課是我自己另外選的，沒有其他朋友可以借筆記，如果請假我之後會很困擾，這一整天的筆記與上課內容不知道該怎麼補上。而且如果不去上課，就很難通過考試，所以今天一定要去。期末考就快要到了，啊，我真的得要出發了……眼皮重得抬不起來，就這麼又睡著了。

　　我不想永遠都被那種骯髒又不安的感受從睡夢中喚醒，想睡個回頭覺而暫時閉上眼睛，卻又再次被焦慮心情逼得我清醒過來。我生怕從陰道流到股溝的經血會沾到床單上，趕緊從床上跳起來，忽然動作太劇烈，讓我不禁發出哀鳴。

　　從抽屜拿出一片加長型衛生棉和一件新內褲，舉步維艱地走進浴室，骨盆隱隱刺痛，腦袋昏昏沉沉。果不其然，經血漫出夜用型衛生棉的範圍，把內褲後面都染紅了，甚至還沾到睡褲上面，災情這麼慘烈，想必床單也沾到血了，一想到還得要換床單，我就煩躁得要命。

　　我把浸滿鮮紅經血的衛生棉從內褲上撕下來，捲成一捲再用衛生紙包裹起來後，就扔到浴室置物架一角。接著，脫下沾血的內褲，放進裝水的水瓢裡泡著。如果內褲只是沾到些許血漬，這樣可以稍稍清除痕跡，再洗一下就能起死回

生。如果沾到一點經血就要把內褲丟掉的話，每個女人一個月可能要丟五、六件內褲。

因為全身都感覺很不舒服，於是我決定要沖個澡。扔在置物架角落的衛生紙團被飛濺出來的洗澡水一點一點濺濕，材質變得爛糊糊的，在置物架上變成一種介於固體與液體之間的融化狀態。從濕掉的衛生紙透出裡頭紅色的血跡，衛生紙越濕，紅色血跡占領的領域便更擴大。我失神地盯著那團衛生紙的變化直到洗完澡，隨便擦了擦身體後，拾起衛生紙團。指尖傳來的觸感軟爛且潮濕，讓我的心情更差了。

走出浴室，我打著冷顫，把衛生紙團扔進垃圾桶，伴隨著扔擲聲，沾附在垃圾袋底部。

靜靜躺在那裡頭的彷彿是我。

經期第二天是最後的關卡，在經歷了漫長的經前症候群地獄與慘烈的經期第一天之後，只要再撐過第二天，從第三天開始就能比較輕鬆度過日常生活。我心想衛生棉跟止痛藥都備齊了，應該不會有什麼問題。然而，這時又發生了一個我沒考量到的問題。

我不假思索地穿上平時常穿的緊身牛仔褲出門，但內褲

上多了衛生棉的厚度，穿褲子時骨盆跟臀部部分自然會被繃得更緊。還有，穿緊身褲不利於血液循環，更會加劇經痛。於是我一整天都感覺下半身非常不舒服，覺得骨盆被緊縛著動彈不得，根本沒法好好聽課，只得趕緊回家，半死不活地結束第二天。跨過這最後一道關卡，我再次睡得不省人事。

復活

　　今早，窗外灑進的陽光格外美好，我一邊聽著紐西蘭樂團LEISURE的歌曲〈All Over You〉，一邊跳起舞來。連自己都難以置信，此刻我內心滿溢著幸福感。這是我第一次感覺到在早晨醒來宛如死而復生。是因為陽光正好？還是因為今天是週末？最有可能的原因應該是月經來了而經前症候群畫下句點吧。

　　我的幸福感毫無來由，正如同我陷入憂鬱低谷也沒有特定原因一樣。對我來說，只不過是憂鬱的季節一再更迭，來了又走。在脫離黑暗深淵之後，迎接我的是如此燦爛的光芒。

曾令我備受困擾的痘痘消失得無影無蹤，不僅皮膚狀況好轉，我的乳房不再腫脹、胸痛消失、經痛也平緩了許多。曾經侵蝕著我的憂鬱感蕩然無存，肆無忌憚的食慾也不知去向，現在我一點胃口也沒有。

　　這兩週持續折磨我的所有問題與苦惱也不再占據腦海，我沒來由地對周圍的一切心懷感激之情，且對未來抱持著樂觀的設想。就像窗外灑進的耀眼陽光，我的未來似乎也閃耀著無限可能與無數個美好早晨。

　　鏡子裡的我看起來很可愛、很美麗、也很幸福。真幸福呀，前兩週的我不知消失到哪去了，而今日的我彷彿是重生到這個世界。在我受盡痛苦和流淌鮮血的同時也不得不承受的憂鬱感，那份憂鬱有多深刻，我今早感受到的幸福就有多濃烈。滿滿的幸福感與正向思考環繞著全身，對自己湧現無限量的愛與信任，身體感到前所未有的輕盈，心中浮現了捱過煎熬並戰勝憂鬱的成就感，宛如蛻下了過去的自己，煥然重生。滿溢的創作慾望連同溫暖陽光隨著我全身的血液在體內溫柔流轉。

　　正如愛不僅僅只會有幸福感，愛自己這件事有時也很艱難與痛苦，這就是為什麼有些日子我會厭惡自己，而我相信

那也屬於愛自己過程中的一部分。就像無法避免循環往復的月經週期一樣，我也明白自我厭惡與憂鬱的週期將會繼續反覆造訪我，無論怎麼做都無法停下這個規律。

若是如此，該如何撐過這些煎熬時光？我苦思許久，依舊沒有解答。我只能猜測，每一次的過程都是不同的，因為每次觸發悲傷與憂鬱的狀況都不盡相同，在和朋友乾杯或是在聽喜歡的音樂時突然淚如雨下，隨意寫些文章時，或是靜靜躺著時，會想要就這樣無止盡地向下沉。

雖然也想更理智地控制情緒，但它並不是能操之在我的東西。看到各種不同情緒在我心中一天跌宕起伏好幾次，連自己也覺得不可思議。在這世上，唯有我才能感受到我自己的情緒，它轉瞬即逝，只存在於當下，每個片刻皆如此可貴。因此，即便今天痛苦難當，也要懷抱著明天一定會好轉的期待，努力撐過去，這是我的信念。我為此所付出的忍耐，在未來都會化為不同形式的報償還給自己。恐懼、憂鬱、厭惡、嫉妒與怨恨，都是我自己的情緒，我體會到除了勇敢面對並且溫柔擁抱自己，別無他法。

在未來的數十年裡，我每個月都會來一次月經，意味著我每個月都必須承受可怕的壓力、焦慮、憂鬱的情緒循環，

而我能夠自己決定該如何度過這段一再重複的痛苦時期。然而，現在的我回頭看那些咬牙撐過的折磨時光，反倒萌生了感激。人生在世，倘若我變得狂妄自私、成了一個不那麼好的人，至少每個月有一次從憂鬱深海裡審視並反省自己的機會。

當我捱過那段痛苦時期，心中湧現一股難以置信的強大力量，與自己建立起任誰也無法打破的堅韌信賴感。我不確定這是所謂的自尊心抑或是自我認同，我只是下定了決心要與自己攜手活下去，無論我是何種樣貌、不管我做了什麼事，都要正面接納，不再閃避忽視。我決定要給自己最多的愛，一個不愛自己的人，永遠不會知道這樣的生活會帶來何等幸福與滿足感。

透過經歷月經、書寫月經日記，我正在認真認識我自己、學習如何與自己好好相處，世上再沒有比這更讓人愉快與驚奇的研究了。

多麼神奇呀，再次驗證了那句至理名言：黑暗盡頭必有光明。

然而，在光明的盡頭，也有黑暗。

另一個開始

　　排卵期又開始了。稀微的不祥預感又從遠方開始默默趨
近，與自己的戰爭再度拉開序幕。

　　幸福告終，不幸緊跟在後；不幸過後，幸福隨之而來。
世間萬物皆有正反面，總會在不同時間點面臨到這兩面。舉
個容易理解的例子，我們能夠輕率地將黑暗和光明區隔開來
嗎？事實上，黑暗中有光明，光明中也存在著黑暗，正因為
有黑暗，才有光明的存在，也由於有光明，黑暗才有了意義。

　　在人生當中，幸與不幸如波浪般周而復始的循環往復，
我因為太想維持其中的平衡，而使自己焦躁失措。或許因為

總是得承受變幻莫測的不規律循環，才讓我想追求一種安定感吧。

不過，維持平衡是對的嗎？是否真如《羅密歐與茱麗葉》裡的勞倫斯神父所言，恪守中庸之道的人生才是明智之舉嗎？像羅密歐與茱麗葉那樣醉心於瞬間熱情、沉迷在濃烈愛情之中，這種脫離常軌的人生果真會招致悲劇嗎？或者正相反，在電影《以你的名字呼喚我》裡面，那些總是對艾里歐父親造成阻礙的累贅事物，不正是中庸之道嗎？

哪怕一次也好，我是否曾經在毫無疑問及恐懼的狀態下，完全沉浸於眼前的幸福之中？我是否曾經直視著當下的不幸，全心全意地擁抱自己？倘若人生的波濤註定會一再反覆襲來又退散，而且以我的力量無法阻止這樣的循環，那我究竟為什麼要堅持在浪裡維持平衡且站得直挺挺的呢？我為什麼無法全身放鬆，隨洋流漂動，任憑海浪湧起或平息，我為何對此如此恐懼呢？

人說苦盡甘來、樂極生悲，生命的終點是死亡，而死亡的盡頭則有新生。有句拉丁語「Memento mori」，意思是「莫忘你終有一死」，記住死亡並不是要你以死為前提去看待生命，正好相反，你要明白不幸與死亡隨時伴隨身側，不要因

此感到恐懼，應該更全心投入於當下的幸福與生活，盡情享受單純的幸福感，不要參雜一絲疑心，因為這幸福不會永遠持續下去。不要迴避擺在你面前的不幸，而要用全身將它擁入懷中，因為這不幸不會永遠持續下去。這世上沒有什麼東西能夠永恆存在，一切存在的初衷都是為了改變與漂流，世界上的一切時時刻刻都在變遷，遵循著大自然的規律不斷循環。

有開始就會有結束，而有終點就會有另一個起點，被我們粗略劃分為兩個極端的事物，實際上是同時存在的，而且兩者互相證明了對方的意義。希望與絕望、幸與不幸、生與死，所有的兩極絕對不會是兩條不相干的線。

所以，如果你因為害怕結束而不敢開始、因為懼怕未來而無法好好地活在當下，人生將會變得麻木不仁。為了時刻保持情緒的平衡，你得在不開心的時候拚命裝出一副開心的模樣，在開心的時刻努力讓自己變得不開心。總是在意那潛藏著的不幸和死亡的陰影，猶如一隻看守衛臉色的看門狗，無法自己選擇要快樂還是不快樂、生還是死，要這樣「恪守著中庸之道」活下去嗎？

如果要這樣活著，我寧願盲目地活在當下。現在，此時

此刻，我將以全身所有感官去感受眼前的幸福，不再恐懼，並牢記在腦中。而後的日子即便感到痛苦、憂鬱和悲傷，也將平靜以待。因為知道痛苦的盡頭必定有另一道光芒，所以我既不懼怕也不逃避，不管是幸或不幸，無論未來會變怎樣，都希望自己能夠忠於此刻。「Memento mori」和「Carpe diem」（活在當下）兩句話看似背道而馳，但其實講的是同一件事。

Vague在英語中的意思是「模糊的」、「微弱的」，而在法語裡，這個單字的第一個含義是「波浪」。字首「vag-」起源於拉丁語「vagus」，有「流浪」、「模稜兩可」、「不明確」等含義。因此，法語裡的vague兼具有波浪、模糊的、流浪等意思。不知是誰為海浪賦予了這個名稱，應該是每晚會坐在海邊眺望著波濤起伏的那些人其中之一吧。也許他很想跳進海裡但卻因恐懼而停下腳步，或許是一個喜歡在海中自在穿梭的人，也可能是一名不得不與海浪搏鬥的水手。

無論如何，不僅限於法國人，對我們所有人來說，波浪都與「安穩」或「安定」之類的概念相去甚遠。波浪無止盡地反覆湧上落下，我們難以預測海浪在何時、何處、會如何湧起又退去，既有著隨時能取人性命的可怕一面，卻也能將

我們帶到超乎想像的遠方。遠遠望去，似是有規律的重複起伏，但近看只能說是徘徊來去，一切都如此不明確、曖昧不清、模糊難辨，不正如人生一樣嗎？

在接下來的兩週，我將再次鑽進漫長的地洞裡，但我現在不害怕了。我決定熱愛生命中的每一刻、正向看待每一個改變，這次將會面臨到何等變化多端的經期呢？反倒讓我產生期待。我抱著與以前截然不同的心態準備迎接月經到來，雖說完全無法預測會發生什麼事，這種不確定性反而使我感到興奮。我對那專為我而來的訪客感到無比好奇，我為自己終於能夠這麼想而開心。

100 名女性有 100 種經期

100 名女性有 100 種經期

在第二章中，我詳細描述了我的經期體驗，事實上，每個女人所經歷的經期體驗各不相同，以我來說，每個月的經前症候群和經期體驗都不太一樣，感受到的憂鬱和痛苦絕對不可能如出一轍。經期體驗因人而異，而一個女人每次經歷的經期也不會是一模一樣的。這些體驗都會以某種方式對每個人的生活造成深遠影響，並且一邊尋找其中的意義一邊活下去。月經無法輕易定義也不能一括而論，是一種因人而異的獨特體驗。

因此，在第三章中，我希望不僅只談我的個人經歷，也

想加入更多不同女性的經期體驗。要是有一百位女性，就會有一百種相異的經期體驗。我希望至少能將每個人充滿多樣化且獨一無二的故事記在腦海裡，那些沒有被放大到社會層面討論且被認為是小事而被社會抹去的故事。再次感謝欣然接受採訪的朋友們。

我們每個人都有各自不同的體驗，正如我們的生活各異其趣、性格大相逕庭，我們經歷的月經也不會是如出一轍的，而每個人經歷的各種體驗都必須得到尊重。有些人天生沒有月經，有些人選擇不再有月經，有些人的經期與平日沒什麼兩樣，有些人則因為痛得受不了而不得不就醫。而我們大多數人都處在沒那麼極端的狀態之下，各自與月經奮戰著活下去。但願每一個女性在社會中都能受到尊重與支持，是我心之所向。

經前症候群：
與賀爾蒙的戰爭

　　如前所述，月經是一種因人而異的體驗，特別是經前症候群更有形形色色的種類。但與此同時，也有一些相近體驗可以歸類在同一個類別裡，尤其是有相當多女性在經前會經歷憂鬱與情緒起伏，這產生了一種有過月經的女性才能理解的特殊情誼。為了更深入了解我的朋友，我採訪了她們的經前症候群經歷。

 我的經前症候群不嚴重，就只是和其他人一樣，自從初經來了以後，臉上就開始冒痘痘，越靠近

排卵日，分泌物會增多，全身水腫也變嚴重。經期開始後，皮膚狀況會好轉，水腫也消退了，但會容易感到疲倦無力。我的情緒變化不大，所以經前症候群並不難熬。

我的情況是身體變化與情緒波動會同時發生，特別是在經前一週開始到月經來潮的那一週，這段期間會變得非常敏感。情緒起伏劇烈、懷疑自己的人生、低落沮喪而經常哭泣、容易與親近的朋友起衝突。尤其在月經來的前一天，煩躁感飆到最高點，心情跌落谷底，哭了一整晚，隔天早上去廁所就發現月經來了。真希望月經前一天的晚上我可以一直睡一直睡，睡到把一切該做的事都錯過的那種程度。還有，我的乳房會腫脹，而且胸痛十分嚴重，經前只要胸部稍微摩擦到衣服，或是撞到什麼東西，都讓我極為疼痛，總令我忍不住雙臂環抱著胸口並蜷起身子。

在經前，下腹部會有一種類似經痛的痠痛感。但是，因為我的經痛很嚴重，我擔心如果經前吃了止痛藥，之後經痛發生時再吃藥，止痛效果會下降，所以

就不吃藥了。不僅如此，還得承受急轉直下的情緒變化與嚴重的憂鬱症，會因為小事而想挖個地洞鑽進去，經常感到沮喪和煩躁，全身的關節有時會傳來陣陣抽痛。

Ⓓ 我平時根本不吃甜食，但只要一到了經前，就會失控地去找甜食吃。因為食慾飛漲，因此經前身材變得超腫，月經來了以後，水腫就會消退，這時朋友總會問我是不是變瘦了。我在經前容易胃痛且消化不良，所以常常拉肚子或便祕。平時，我的腸胃功能就不太好，經前症候群期間變得更差。那段時期胃口大開，常因暴飲暴食而引起消化不良或胃痙攣，每當這種時候都讓我感到極度憂鬱，一旦月經來了，拉肚子和便祕問題都會迎刃而解。

Ⓔ 比起經痛，我在經前承受的疼痛更劇烈。大概在這一兩年才開始有經前疼痛的狀況，我在月經期間會使用月經杯，減緩了經痛，但在經前症候群期間我束手無策，下背部跟腹部痛苦難耐。有時走在路上突如其來一陣令人窒息的刺痛，動都動不了，只能原地休息一會

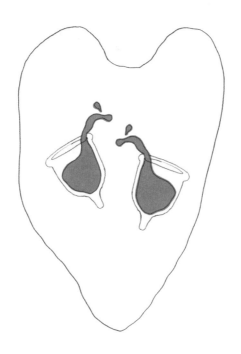

兒。為此我買了月見草油膠囊，打算從下個月開始吃，看
看效果如何。

我的情緒起伏非常激烈，無法好好控制，我甚至
希望大腦思想如果可以受身體操控那該有多好。
當我感到煩悶、易怒、極度低落時，通常再過幾天月經就
來了。有天早上醒來，我想到自己過著如此單調無趣的

人生實在太可憐了，不由得哭了起來。經前胃口大開，想吃的食物很多，但因為正在減肥，只能吃葡萄乾和核桃，吃著吃著悲憤交加，痛哭著抓起一把狠狠往外丟。當我突然變得敏感或煩躁的時候，我妹妹會問：「姊姊，你月經是不是要來了？」我打開手機應用程式確認，每次都說對了，屢試不爽。現在只要感覺自己變得敏感且憂鬱時，就會想：月經應該快來了吧。

我從經前一週開始會對甜食、鹹食和碳水化合物為之瘋狂，雖然會盡量克制自己，但到了經前三天左右，我只能屈服於食慾。在這個時期，無論什麼事情都讓我感到極為疲倦、提不起勁且煩躁，於是經常與伴侶起爭執。月經來的前一天，得忍受劇烈的腰痛與頭痛。我最嚴重的一次經痛是發生在大學時期，那時我一天得吃四到六種止痛藥才行。

經痛是天然的嗎？

在採訪進行過程中，有幾種回答方式引發了我的疑惑。

當受訪者被問及在經痛嚴重時是否會服用止痛藥，有個回答是：因為藥物不是天然的東西，所以她會盡量避免吃藥。那位朋友告訴我，無論經痛多嚴重，她都忍著不吃止痛藥，也抗拒口服避孕藥，因為那是人為調節賀爾蒙的行為。

這樣的回答讓我產生了疑問，難道經痛就是發於自然的嗎？每次經期都會經歷折磨的腰痛以及因賀爾蒙失調引起的劇烈情緒變化，這也是自然的嗎？忍受痛苦咬牙撐過去而不倚賴任何藥物是最好的處理方式嗎？如果有不用吃藥也能從

根本改善狀況的便捷手段當然最好，但事實上，要改善賀爾蒙的問題是相當困難的。

令人驚訝的是，更換生理用品可能會有幫助。有許多月經杯使用者反饋心得表示，從衛生棉改用月經杯之後，不再出現經痛，或是疼痛大幅緩解。

當然，也許那位受訪者的經前症候群或經痛並不嚴重，即使不服用止痛藥或賀爾蒙藥物也能忍受。但是，也有些人的經痛超出了可耐受的程度，對她們來說，在特定時候止痛藥和賀爾蒙藥物就是唯一的救命仙丹。在經痛嚴重時吃止痛藥，並不是什麼違反自然的舉動，也不會對身體造成太大的負擔。如果你咬緊牙關忍受強烈疼痛，反而會讓你的身體承受更大壓力。正如我之前提到的，在感覺到月經快來的時候提早吃止痛藥才有效，如果忍耐到極限的時候才一顆一顆吃，是相當不智的做法。

研究表示，在月經開始前或月經一來就預先吃止痛藥，防止經痛的效果更好。大家普遍認為止痛藥吃太多會產生耐受性，這也是錯誤的認知。在藥局能買到的非處方止痛藥，皆未含有麻醉性★，因此沒有成癮的危險。只要是在正確的時

★止痛藥：止痛藥分為麻醉性與非麻醉性，麻醉性止痛藥屬於管制藥品，須有醫師處方才能服用。

間、依循正確的用藥指示和規定藥量服用止痛藥及避孕藥，對健康不會有任何危害。

　　我的朋友們也經歷過各種大大小小的經痛，從可忍受的輕微疼痛到連止痛藥也無法緩解的劇烈疼痛，接下來聽聽她們的經痛體驗。

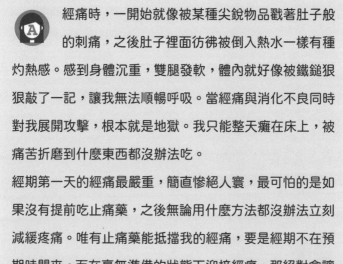

經痛時，一開始就像被某種尖銳物品戳著肚子般的刺痛，之後肚子裡面彷彿被倒入熱水一樣有種灼熱感。感到身體沉重，雙腿發軟，體內就好像被鐵鎚狠狠敲了一記，讓我無法順暢呼吸。當經痛與消化不良同時對我展開攻擊，根本就是地獄。我只能整天癱在床上，被痛苦折磨到什麼東西都沒辦法吃。

經期第一天的經痛最嚴重，簡直慘絕人寰，最可怕的是如果沒有提前吃止痛藥，之後無論用什麼方法都沒辦法立刻減緩疼痛。唯有止痛藥能抵擋我的經痛，要是經期不在預期時間來，而在毫無準備的狀態下迎接經痛，那絕對會讓我痛到想死。因此我總會隨身備好止痛藥，但總會有無法盡如人意的時候。

有一次，我回鄉下探親，就在和家人一起吃飯的時候，月經毫無預警的來了。藥局太遠，要買到止痛藥相當困難，疼痛漸漸加劇，完全沒辦法好好吃飯，也無法在親戚面前說自己月經來了，只能獨自咬牙忍痛，不明就裡的親戚還叫我多吃一點，我勉強塞了幾口，越來越猛烈的經痛，讓我忍不住嚎啕大哭。

結果，所有親戚裡就只有我們一家因為我的緣故而提早返程。在回家的路上，我一直跟家人哭喊著說自己不想要子宮了，一到家門口，我就把剛剛吃的東西全都吐了出來。由於為時已晚，吃止痛藥也不見效，我痛得打滾，只好把電暖墊放肚子上熱敷，電暖墊的溫暖讓我暫時忘記了經痛，我把溫度調到最高就睡著了。現在，我的肚子仍有當時留下的燙傷疤痕。

B 在我讀國中的時候，家住在鄉下，附近沒有超市或便利商店，要買東西得花二十分鐘車程到市區，可見有多偏僻。當時我月經來了，但沒有衛生棉，偏偏父母又剛好出去旅行了不在家。我的經痛實在太痛了，根本不可能自己搭巴士到市區去買。我用幾片護墊拼

在一起貼在內褲上，還在內褲裡塞了一堆衛生紙以防萬一，勉強撐了過去，這件事至今仍令我記憶深刻。

 我記得有一次曾在學校考試時發生嚴重的經痛，明明已經預先吃了止痛藥，可能是考試帶來的壓力與緊張感所導致，當下我突然感覺到腹部傳來一陣前所未有的猛烈疼痛。我一邊答題，手卻不停顫抖，強烈腹痛讓我冷汗如雨下，最後不得不中途放棄考試，被老師載到醫院就診，也經常因為經期第一天的經痛太嚴重而請假回家休息。還有一次因為經痛太痛苦而被送進急診室和婦產科，但醫院人員卻沒有認真看待我的狀況，讓我感到很生氣。

經痛時，彷彿有兩個鑽頭從身體兩側刺穿我的下背部，那感覺就像兩個卵巢被扭轉的同時還得拖著兩磅重的沙包。

我所經歷過最嚴重的一次腹痛，讓我當場痛倒在地，幾乎失去知覺，昏了一會兒後才恢復意識，前去醫院就醫。後來才知道，那不是經痛，而是自然流產。我連自己懷孕了

都不知道，由於是懷孕初期，對身體影響不大，所以恢復得很快，但那時經歷的震驚與痛苦是我此生不願再想起的回憶。雖然我一直有在吃避孕藥，但可能是因為喝酒的緣故，影響了藥效。我告訴媽媽這件事時，她說在生我之前也有過幾次自然流產。到現在，我的男友仍不知道我曾經流產，因為不想讓他有過多的擔憂。

無法事先準備的月經

沒有什麼比外出時被月經突襲或經血外漏更讓人驚慌失措的事了。事實上，無論你的月經週期有多規律，有時候還是會依身體狀況而提前或延後一兩天。世上沒有任何人的月經能夠絲毫不差地準確到來，一切都由子宮之神來決定。

因此，月經往往會成為擬定未來計劃時的絆腳石，尤其在規劃旅遊行程時更是如此，因為沒有一個女人會希望自己在飛機上、游泳池裡、從事極限運動或露營時還一邊流著血。然而，說來就來的月經總是不按牌理出牌，讓我無從準備起，如果能提前吃避孕藥延緩經期的話就好了，不過，也

有很多時候會發生意料之外的狀況，而且意外隨時隨地都可能發生。

某次外出旅行時，我穿著一件白色褲子，有人從後面拍拍我的背，轉身看到一位女性指著我的臀部向我示意。我的月經突然來了，褲子後面已被經血染紅，不知道我用這模樣走了多久，一想就心驚。我無可奈何地走進路邊一家服飾店，隨便挑了一件內褲和褲子，到附近的公廁換上。那根本不是月經該來的日子，所以我毫無準備，不得不放棄原定要去的衝浪與游泳，完全搞砸了我先前定好的行程。

在回家途中的地鐵上，月經猝不及防地來了，所幸我在經血流到內褲的時候就察覺到了，於是馬上下車去車站廁所處理。幸運的是，廁所有販售衛生棉的機器，但手邊卻沒有零錢，只好拜託路過的女性幫忙，雖然一開始被當成怪人，讓我尷尬不已，但還是多虧了她的幫忙，才能順利度過危機。

有一次，我搭飛機返回韓國，預計要飛十四個小時，結果月經來了。飛機起飛大約一個小時後，我突然感覺有東西從陰道裡流出來，到廁所確認時發現褲子上沾著經血。

依我的月經週期，不該在那一天來的，突如其來的意外讓我措手不及。我平時會隨身攜帶幾片衛生棉，但是墨菲定律發威，那天剛好就沒帶。結果，我詢問空姐是否有衛生棉，幸好空姐給了我一個用鋁箔紙包好的衛生棉。

因為只靠著這一片衛生棉撐過去，它浸滿了鮮血，變得濕漉漉的，感覺又髒又不舒服，但也沒有辦法。由於擔心經血會滿出來，我一路上提心吊膽，完全睡不著，頻頻去廁所在內褲裡墊了一堆衛生紙，就這樣徹夜未眠熬過了十四個小時。我只用一片衛生棉撐過十四個小時的航程，一下飛機就馬上去買衛生棉，這是我最可怕的一次飛行經驗。

大概是在我讀大一的時候，我在教室裡跟學長們閒聊了好一陣子，起身之後發現椅子上留著血漬。能幫上忙的學姊座位距離很遠，所以我發訊息給她，但她卻沒看手機，一起聊天的都是學長，當時處境真的很

尷尬。我打量了一下周圍狀況，在適當時機迅速逃離教室，趕緊去買了衛生棉後馬上去廁所處理，最後搭上計程車回家了。幸好當天穿的是黑色褲子，完全不敢想像如果是白色褲子的話會有多恐怖。在回家的路上，我收到學姊的訊息：「因為椅子是深色的，所以沒有人發現，別擔心，我已經把椅子拿走了。」當下我真的很感動，差點就哭了。

還記得和家人一起去露營時，月經突然毫無預兆的來了，因為完全不在預期內，當然也沒帶衛生棉，而且地點是在森林裡，想買衛生棉就得開車回市區。當時是參與教會活動，所以無法中途回家。我束手無策，只好用衛生紙墊在內褲裡，但因為擔心經血漏出來，戒慎恐懼的心情讓我的壓力不斷升高。我四處詢問其他人有沒有衛生棉，卻一再落空，後來我告訴媽媽，她載我去距離最近的商店，才終於買到衛生棉。

經期時，經血總是在晚上睡覺時會外漏出來，所以我一定會使用夜用型衛生棉，或是用兩片量多型衛生棉拼在一起。除此之外，睡前還要在臀部墊兩條毛

巾以防萬一。不過，睡覺難免會翻來覆去，有時候早上還是會看到被單沾到些經血。弄髒自己的床單會讓我心生煩躁，但只要洗乾淨就好，最麻煩的是在外面住宿時發生外漏。有一次，我到朋友家過夜，結果經血沾到白色地毯上。由於地毯沒辦法拿去洗，我只能用濕紙巾拼命擦，雖然最後有擦乾淨，但當下那股愧疚且難為情的感受令我至今難以忘懷。在那之後，我盡量避免在經期外宿，若非得要住，也會因擔心而輾轉反側，頻頻驚醒。

 有一次，月經在我接受面試的時候來了，軟爛的血塊從陰道排出的感受太過鮮明，讓我馬上就驚覺到了。在那瞬間，一陣頭暈目眩，所幸當時穿著深色褲子，但還是很擔心經血會漏出來。要是面試結束後我起身，椅子上沾著經血該怎麼辦？因為太在意月經，結果根本無法專心面試，流了滿身冷汗、腦袋一片空白，只想著得要趕緊結束面試。

幸好，經血沒有沾到椅子上，不過，面試也毀了。不能說是被月經毀了，卻也不能說面試的失敗跟月經無關。我很後悔為什麼沒有防範於未然，但因為之前全心準備面試，

所以沒有想到這個問題。我想起了朋友的經歷,她因為月經而延後了面試日期,當然沒有告訴對方是因為月經,而是找了一個適當的理由,但無論是以什麼理由,推遲面試日期都會被認為是不負責任的行為。

當時我聽到這件事,還想著:這有嚴重到要延後面試嗎?在我自己經歷過之後,才刻骨銘心地徹底理解。月經又不是靠著自己的意志就能控制的東西,而男人根本不需要煩惱這問題,想到這就讓我超鬱悶,但又能怎樣呢?經血沒漏出來就要謝天謝地了。

經期做愛

　　經期可以做愛嗎？每個人一定都曾經想過這個問題至少一次。有人說經期做愛並不安全，所以不能做，有些人則認為沒有影響；有些人對經期做愛抱著幻想，也有些人覺得很噁心。事實上，在經期做愛對女性身體健康來說並不是很好，尤其是如果性行為導致經血回流到子宮內的話，後果可能不堪設想，十分危險。然而，我們身邊曾經歷過經期做愛的女性比想像更多，若是如此，她們的故事應該被更多人看見。

我的經期做愛經驗回想起來並不怎麼美好，一邊在意著對方的反應，同時也很難為情。我在床上鋪滿毛巾，以免經血弄髒床單，但最後還是沾得到處都是。插入時真的非常痛，我覺得陰部變得極為敏感，而且經血跟分泌物太多了，所以沒什麼快感。不知道是不是心理作用，總覺得沒那麼乾淨也不太衛生，一直會分心去想這些事。總之，這是一種我不會想再嘗試的體驗。

在嘗試經期做愛之前，我先在網路上搜尋了各種資訊。子宮頸在經期會擴張，因此對外界刺激會更加脆弱且容易感染，所以一定要使用保險套。然而，關於經期做愛對女性身體是否有危害這個議題卻是眾說紛紜。

實際上，我自己曾有過經期做愛的經驗，感覺並不怎麼好。感覺子宮比平常更腫，即使只插入一點點，子宮頸就會很痛，一點快感也沒有。而且做愛結束後，看到男友的陰莖上沾滿了鮮紅的血，令我驚嚇不已，這畫面有如心理創傷般深刻留在我的記憶中。從此之後，我再也不在經期做愛了。

我的前男友很喜歡在經期做愛，我只好勉強配合他。事後，我對那個不得不清理血跡斑斑的床單的人感到非常抱歉且內疚，棉被也必須丟掉，而且這樣對我的身體也不好。然而，顯然只有我會對此感到自責，前男友依舊一直要求我在經期做愛，現在光想就讓我覺得噁心。

我聽說有些女性是因為經期性慾高漲才會在那時候做愛，但就我而言，情況正好相反。我在經前的性慾相當旺盛，月經來了之後則是斷崖式下降，在經期因為性慾升高而想做愛這種理論，對我來說根本是天方夜譚。因此，我還記得我斷然拒絕了男友想在經期做愛的要求。

我想起了前男友曾問我，如果在經期做愛是不是就不用避孕了（當然不是。無論何時做愛都會有懷孕的可能，所以一定要採取避孕措施，在經期做愛還會增加感染的風險，絕對要戴保險套）？受不了他一再央求，最後只好答應了，但整個過程只感覺到痛，一點也

不舒服。最大的問題是，做完之後我的經血量暴增，應該是子宮受到刺激所導致的。當時已到經期尾聲，照理說血量應該不多，但做愛後經血突然增多，讓我十分擔憂。幸好，大出血在幾天後終於止住了。當時，我一個人擔心受怕，腦子裡冒出各種可怕的想像，發誓以後絕不會在經期做愛了。

事後避孕藥的詛咒

　　現在這個時代，只要是曾與異性有過性關係的女性，一生中至少吃過一次事後避孕藥。許多人會譴責這些服用事後避孕藥的女性，認為她們輕浮粗心、不負責任，但世上沒有人會不看重、不關心自己的身體，沒有任何一個女人會想吃事後避孕藥，大多數情況都是由於無可奈何的意外才不得不吃藥。不過，事後避孕藥所帶來的社會批判與身心壓力卻全部都由女性來承擔。

　　事後避孕藥裡的賀爾蒙劑量比一般避孕藥高出十倍以上，藉由藥效在短時間急遽增加體內賀爾蒙濃度以防止懷

孕。這就像在女人體內引爆賀爾蒙核彈，也因此，有些人會有非常嚴重的副作用。儘管女性必須承受這些苦果，社會上普遍還是會對服用事後避孕藥或墮胎的女性投以鄙夷目光，不過，做愛又不是女性一個人就能做的事。倘若雙方都不想懷孕，女性當然有權服用事後避孕藥，也有權墮胎，但如果隨之而來的痛苦和責任全都由女性來承擔，那她到底為什麼要和男人發生性關係？況且大多情況下，與男人做愛並不會為女人帶來多大的快感。

總而言之，在男性中心社會裡，避孕的責任全在女性身上，男性口服避孕藥無法普及，導致女性經常被迫服用對身體有致命影響的事後避孕藥。藉由以下故事了解女性為何得要服用事後避孕藥，以及它為女性身體帶來什麼樣的影響。

我的第一次性經驗發生在高中時期，當時我的性知識相當貧乏，把做愛後的陰道分泌物誤認為是精液，所以吃了事後避孕藥。雖然那藥的價格對高中生來說真的很貴，但因為很難為情，就沒有告訴男友，自己買來吃了。在那之後的很長一段時間裡，我不得不忍受精神上的焦慮和壓力，以及身體上的疼痛。

保險套在做愛過程中脫落，但對方沒有發覺，就在體內射精了，隔天馬上到婦產科就診，服用了醫生開立的事後避孕藥。當時既害怕又不安，但藥物副作用沒有想像中的嚴重，可能是因為超乎預期的高昂醫藥費讓我更掛心吧。

有一次因為做愛時保險套破了，隔天一早馬上到附近的婦產科，拿了醫生開的事後避孕藥。明明有用保險套，但卻因為破了得來這一趟，讓我感覺很冤枉。婦產科醫生把我當成一個不戴保險套就做愛的不負責任的人加以譴責，叫我以後不要重蹈覆轍。

即使在六個小時內吃了事後避孕藥，我仍然非常擔心會懷孕，感到十分焦慮，接下來的兩週都過著地獄般的生活。我常聽說事後避孕藥的副作用很恐怖，幸運的是我並未經歷太嚴重的副作用，只有少許出血。

我在那兩週之間，買了三、四次驗孕棒，不時確認自己有沒有懷孕。因為擔心在家裡會被父母發現，只好坐在公廁冰冷的馬桶上驗孕。等待驗孕棒吸收尿液後呈現結果的那五分鐘，我覺得自己全身的血液都停止流動了。如果出

現兩條線的話怎麼辦？我努力抑制著狂飆的心跳，斜眼往驗孕棒看去，當我看到一條線時，才終於鬆了一口氣。重複這個過程三、四次之後，才終於安心，不再確認。但在月經來之前，我每天還是滿懷著疑懼。當月經來的時候，我高興得尖叫，那是我畢生第一次覺得月經是如此可愛，太好了！我沒有懷孕！

在與男友發生關係時，我當時無法做出正常判斷，也沒有採取避孕措施。因為我有一個七公分大的卵巢囊腫，擔心後患無窮，所以我盡快吃了事後避孕藥。之後，到了排卵期，我感到非常疼痛，我猜是事後避孕藥讓囊腫更加惡化了。在服用事後避孕藥後的兩次經期，我都是在前所未有的痛苦中度過。

某次和一個喝醉時認識的男人發生了性關係，當時真的太醉了，甚至搞不清楚和他做愛是不是出於我自己的意願，判斷力只剩下五成，似乎就只是跟著那男人的腳步走。然後，做愛過程中，對方問我能不能不戴套。原本朦朧模糊的意識，突然間像被當頭潑了一盆冷

水，瞬間清醒過來。「不，不行，請不要這樣，求求你！」我苦苦哀求他，但對方也喝得醉醺醺的，繼續問著：「不能就這樣做嗎？啊？拜託啦。」我害怕得背脊發涼。

在那瞬間，與其說對他感到憤怒，我更害怕他真的不戴套射在我身體裡，為了阻止他，我不停央求。經過幾分鐘的僵持，幸好最後他沒射在陰道裡面，那當下我真想去死。那男人射完就倒頭大睡，我強壓下想打爆他頭的衝動，連澡也沒洗，直接穿上衣服走出去搭計程車回家了。第二天清醒了以後，雖然記得對方沒射在裡面，但心裡還是充滿不安，畢竟喝得這麼醉，我無法確定有沒有記錯，而且誰知道那男人有沒有在我醉倒後射到我體內呢？我最後敵不過內心的焦慮，到醫院拿了事後避孕藥服用。

　　我也和朋友們有相似經歷，曾經在不得已的情況下必須服用事後避孕藥。

　　有一次，與男友做愛結束後才發現保險套破了，因為平時並沒有吃口服避孕藥的習慣，於是當下我超崩潰。那天晚上，我在網路上搜尋事後避孕藥的各種副作用，看得我瑟瑟發抖，早上一起床就立刻去買藥來吃。服用後並未馬上出現

令我擔心的噁心反胃，也沒有腹痛症狀，我不禁鬆了一口氣。

　　但在那之後，苦果才真正出現，我是事後避孕藥所有副作用的最慘案例。在服用事後避孕藥後，原本就不規律的月經週期變得更加難以預測，在某幾個月根本沒有月經，有時候月經又在一個月裡來了兩、三次，有時候經期甚至長達兩週之久。我根本無法判斷從陰道流出的血究竟是經血還是異常出血，我曾經一整個月都得用衛生棉，因為我不知道出血什麼時候才會停。

　　由於劇烈的賀爾蒙失調，有好幾個月我就像處於永無止盡的經前症候群，持續承受著喜怒無常的情緒變化與高漲的食慾、性慾。令我生不如死的副作用看不到盡頭，對我來說經前症候群本來就很煎熬，此時痛苦程度又加乘了好幾倍。將近半年的時間，我的月經週期紊亂、經常流血不止，再加上各種壓力和憂鬱症狀讓我受盡折磨。

　　而身體最大的變化是整張臉開始長滿了痘痘。以前，通常只有在月經來之前，嘴巴周邊和下巴會冒痘痘，但自從吃過事後避孕藥後，痘痘會遍布全臉。我的食慾如脫韁野馬般狂飆，體重也暴增，失控的賀爾蒙並不受我的理智所控制。每個人都問我，皮膚怎麼變得這麼糟？為什麼變胖了？我說

不出口是因為事後避孕藥，只能回答我也不知道。

　　而事實上，我也的確不知道。我從未聽說過有人因為吃了事後避孕藥而得承受這麼長時間的折磨，這使我悲憤難平。為什麼只有我如此痛苦？即使我經常聽到事後避孕藥對女性身體具有致命殺傷力，但我沒想到會這麼恐怖。我對於這個讓女性每天不得不忍受這種可怕藥物的社會感到怒不可遏。為什麼男人在做愛的時候不必冒任何風險？為什麼只有女性得要承受所有的副作用與傷害？為什麼男人不吃避孕藥？明明是兩個人做愛，為什麼只有我要承擔苦果？當事後避孕藥摧殘損害我的身體時，我男友舒服地呼呼大睡，絲毫沒有一點內疚和自責。

　　因為副作用一直都沒有停息，在服用事後避孕藥的半年後，我到婦產科就診，醫師建議我做超音波檢查，花了我五萬韓圜。就在那時，我第一次被診斷出患有多囊性卵巢症候群。醫師告訴我，這會導致我難以受孕，容易長痘痘、掉髮、變胖，再嚴重下去，罹患子宮內膜癌、乳腺癌的機率也會升高。不過，我的情況還不算嚴重，透過持續治療，可望獲得改善。而這是我有生以來第一次聽到這個病名。

多囊性卵巢症候群

　　其實，在我們周圍有許多女性都患有多囊性卵巢症候群。這個病是由於賀爾蒙失調，導致卵巢內存在著多個未成熟卵泡，並引起一系列症狀，如：月經失調、嚴重的經前症候群和經痛、頻繁的異常出血、賀爾蒙引發的痘痘、多毛症、掉髮、肥胖、閉經、經血過多、卵巢囊腫等等，症狀因人而異。

　　因為我的程度並不嚴重，婦產科醫師給我的建議是，定期觀測病程進展，並且服用賀爾蒙藥物（第四代口服避孕藥可緩解痘痘、經前症候群和經痛）。我本來就有月經失調的現

象，痘痘、經前症候群和經痛也很嚴重，而事後避孕藥會使賀爾蒙瞬間暴增，造成我體內的賀爾蒙突然變得極不穩定，導致了多囊性卵巢症候群。當我回家後，陷入了苦惱。一定要吃賀爾蒙藥物嗎？我心中浮現莫名的恐懼。

我十九歲時，在大學聯考前一個月吃了口服避孕藥。目的是為了延後經期，以防在考試當天月經突然造訪。所幸考試當天沒有發生這種慘劇，但那之後，我將近三個月都沒有月經。過了三個月，經期才開始慢慢恢復，不過花了很長的時間，才等到月經週期真正穩定。

自從有過這樣的經驗，讓我覺得賀爾蒙藥物會帶給身體不良影響。現在回想起來，高三的升學壓力大，也變胖不少，而且平時月經就不順，在服用避孕藥的時候可能沒有正確遵循用藥指示，多重因素加總之下才造成經期失調。或許我的多囊性卵巢症候群就是從那時候開始的，只是到現在才知道這個病的名稱。

回到家後，我把醫生說的話告訴父親，但是，就連身為藥劑師的父親都不了解這個病，上網查了一下，也只看到那些我已經知道的內容。父親認為賀爾蒙藥物對女性身體有

害，叫我別吃，趁這機會好好改正生活習慣，透過運動、節食來改善不是更好嗎？先從減重開始吧，先別吃賀爾蒙藥物，觀察看看病狀的進展。父親是藥劑師，對這方面一定比我更了解，所以我就照他的話去做。就這樣又過了半年，在這期間一切並沒有改善。

又過了半年，也就是服用事後避孕藥的一年後，我到婦產科回診。每次在付超音波費用的五萬韓圜時，我的手都在顫抖。一年過去了，我仍然深受月經失調、痘痘、經前症候群、經痛、情緒波動、沮喪等經期困擾所苦，醫生再次建議我服用賀爾蒙藥物。我對醫生說，父親認為賀爾蒙藥物是以非天然方式干預身體機能，吃了對身體不好。當我誠實說出心中的擔憂時，醫生對我說的話，至今仍銘刻於心。

「並不是只有出於天然的東西才是好，我不知道為什麼大家都想尋求天然的東西，也有許多天然物質是對身體有害的呀。以人為方式干預身體機能並不代表是壞事，我明白你父親的擔憂，但我是一名專業的婦產科醫生，對於多囊性卵巢症候群這個疾病，給予賀爾蒙藥物是最有效的療法。」

那天，我拿到賀爾蒙藥物的處方內容後，就馬上轉寄給父親看了。幸好父親是藥劑師，能省下藥錢，但價格比想像中還

貴，每個月都得自費買藥的話，將會是一筆巨大的經濟負擔。

　　在回家路上，醫生的話一直縈繞在我耳邊——並不是天然才是好，人為干預也不見得是壞事。為什麼我會從這段話得到莫名的安慰感呢？在我內心深處是否存在著一種偏見，認為應該避免服用人為干預且非天然的賀爾蒙藥物和止痛藥？然而，事實上，為了使我體內不穩定的賀爾蒙維持安穩且平衡，服用賀爾蒙藥物是最恰當的治療方法。不過，因為是將賀爾蒙吃進身體裡，不可能沒有副作用。以第四代口服避孕藥來說，如果有抽菸習慣或高血壓，須注意有形成血栓的風險，因此，服藥期間不能抽菸。即便如此，至少對當時的我來說，賀爾蒙藥物是最適合我的療法。

　　將賀爾蒙藥物視為人為干預且非天然的療法，這個理論背後隱藏莫大危險，以此邏輯，我的賀爾蒙失調難道就是自然形成的嗎？不治療多囊性卵巢症候群，任由惡化而增加不孕、其他併發症和各種癌症的發生率，就是遵循自然法則嗎？不吃藥而咬牙忍受折磨人的經前症候群和經痛，就是不違逆自然嗎？經期不規律、月經失調，卻不尋求方法而交由子宮之神來決定命運，就是順其自然？自然造化與人為干預

的界線到底是什麼，為什麼社會要輕易批判那些不遵循自然法則的女性？

如此僵化的思考方式，對於選擇不婚及不生育的女性來說，形成了一種壓迫，對於選擇停經的女性也是沉重的負擔，而那些選擇墮胎的女性又該怎麼辦？她們全都犯下了違反自然繁衍欲求與自然法則的罪行。在父權社會中，女性比男性更為弱小，被歸屬於未開化的自然領域，因此，當女性想藉文明之力脫離自然，就會被貼上一個「違反常規」的標籤。

但是，女性應有權自由選擇，不受任何偏見和強加的標準所束縛；女性應能在具備正確資訊的基礎上，為自己選出最佳選項；應該確保女性獲取、自主選擇正確資訊的權力，而不是只能看見網路上的虛假資訊、廣告、厭女文化、偏見及謠言。我們不能再放任社會體系下的性教育停留在目前的不成熟程度，現在仍有許多女孩、成年女性因錯誤資訊和無知而深受其害。

女性應有權接受關於身體與性的正確教育，這是國家的責任，也是社會的責任。我們不能再將女性議題延遲到以後，這並不是微不足道且僅限於個人層面的問題，而是對

我們所有人而言都迫在眉睫、無可逃避、至關重要的政治議題。從微觀角度看，是單純的月經議題，但從宏觀角度來說，這是解放女性身體及性慾、將長久以來對女性特質存有偏見和誤解的歷史撥亂反正的議題。我們必須持續不懈地向國家提出要求，我的人生和肉體本就是經歷無數激烈政治鬥爭的戰場，絕對不能忘記這一點。

「症候群」包含了許多症狀

　　連藥劑師父親都不太了解的多囊性卵巢症候群、至今仍未查明原因和致病機轉的經前症候群，所謂的「症候群」到底是什麼？這是一種病嗎？如果是病，難道不是應該要有病因及明確的治療方法嗎？

　　多囊性卵巢症候群與經前症候群沒有病因，甚至無法論及治癒，因為壓根沒有治癒的概念，只能阻擋症狀惡化，盡可能預防發生更嚴重的疾病。症候群的治療旨在改善，而非治癒，這真是世上最不負責任的病了。

　　倘若是發生在男性身上的症候群，也會像這樣無法揭露

病因和致病機轉、只能倚賴避孕藥而且留下這麼多謎團嗎？究竟為什麼跟女性健康有關的研究進行得如此緩慢？醫學技術如此發達，為什麼女性無法獲得有實證基礎且經過充分研究的各種治療方法與藥劑？是什麼因素讓這些研究遲滯不前？我不認為是因為缺乏技術或是醫生個人能力不足，為什麼我會合理懷疑阻擋這一切的那堵牆名為「厭女症」？

當我告訴父親我的子宮裡有多囊性卵巢症候群的時候，內心升起一股無名火，還有滿滿的委屈。婦產科醫生說，確切原因尚不清楚，但並不單只是事後避孕藥引起的。我從小就有嚴重的月經失調，可能事後避孕藥只是引發了潛伏在我體內許久的病徵。

那麼，我的多囊性卵巢症候群是由於遺傳所致嗎？雖然沒有人能給我一個確定的答案，但我是這麼猜測的。因為遺傳而得到先天性疾病，這件事比想像中更讓我感到忿忿不平。既然是個無法治癒的症候群，那我到底要治療多久？我得要吃賀爾蒙藥物到什麼時候？可以吃個一、兩年就不吃嗎？停藥之後再復發的話怎麼辦？我得要吃藥吃到死的那一天嗎？聽說生產之後症狀會改善，但我真的沒有打算生小孩。

看不到苦痛的盡頭在哪，懷著絕望心情的我向父親抱怨，當父親問到病因是什麼，我沒好氣地回答：「我怎麼知道，應該是遺傳吧。」

　　然後，父親突然發火了。「不要說是遺傳的，這樣把話說死不就毫無改變餘地了嗎？症候群不是一種病，它包含了許多症狀，只要你處理得當，而且改善生活習慣，狀況一定會變得更好！」

　　症候群不是一種病，它包含了許多症狀——父親說的話也安慰了我的心情（父親一向覺得生活習慣是一切的根本）。社會上普遍將症候群視為一種需要治療的疾病，我應該是在不知不覺中被這種氛圍感染而感到無力吧。

　　「症候群」這個詞太過空泛，我的經前症候群和多囊性卵巢症候群也許早就與我相伴已久。但是，如果這並不是需要治療的疾病，而只是我身體出現的一些症狀，或許就沒有必要非得要完全治癒不可。就像生活習慣不好就會感冒、免疫力下降就會積勞成疾一樣，這也許是為了讓我持續保持健康的一種指標。

　　所以，我決定虛心接受我身上的症候群，並且更悉心關懷自己的身體。最能珍惜自己身體的人就是我，我決定要

更加愛惜它。今後，我要定期去婦產科回診、認真吃藥、運動、選擇對身體有益的飲食並且維持生活規律，好好照顧我的症候群、讓我的子宮維持在健康狀態，我認為這是目前我的身體所真正需要的。

賀爾蒙藥物

　　我開始服用婦產科開立的賀爾蒙藥物，我不太想用「口服避孕藥」這個詞來指稱，因為賀爾蒙藥物的用途並不僅限於避孕。口服避孕藥不只是用於避孕，以我來說，是為了調節賀爾蒙、治療賀爾蒙失調、調理月經週期，對於抑制痘痘也有療效，我有一位朋友則是為了停止經期而服用賀爾蒙藥物。同樣道理，我不喜歡稱保險套為「避孕工具」，戴保險套不光是為了避孕，對預防性病也具有重要功效。

　　此外，把「蜜蕊娜」（Mirena，子宮內投藥系統）和「易貝儂」（Implanon，皮下植入避孕器）這類能夠停止月經的

器具稱為「避孕器」也讓我深感不以為然，有許多女性是因為不想要有月經才選擇這些器具來停止月經，並不是為了避孕。

從這些看似微不足道的用語可看出，在這個社會裡女性的性行為與繁衍需求之間的關係有多麼密切。在這個社會裡，女性彷彿是一種只為了避孕或懷孕生產而存在的生物。除了主要的繁衍需求，女性也會因為其他各種不同目的而做愛、有月經以及服用賀爾蒙藥物。

第一次拿到賀爾蒙藥物的處方箋時，心頭籠罩著沒來由的不安和恐懼。網路上充斥著關於口服避孕藥的各種迷信，助長了人們的焦慮，大多都是說長期服用賀爾蒙藥物對身體不好、導致不孕、引發痘痘、變胖、容易憂鬱、因為是人為干預所以對身體有害……等等。當然，也有些人的身體無法適應賀爾蒙藥物，我有些朋友在吃賀爾蒙藥物之後出現了憂鬱、反胃等反應而不得不停藥。

不過，除非自己親身嘗試，否則不會知道效果如何以及有哪些副作用。雖然每個人的經歷都不同，但若是在諮詢過婦產科醫師後開的處方，不會有太大的問題。可是，如果在沒有經過婦產科醫生診斷的情況下，就自己去藥局購買賀爾

蒙藥物來吃，你將會在不知道會有何種副作用的情況下服用藥物。仔細思考這件事，你就會發現在韓國社會中女性的性行為與繁衍需求有多麼緊密相關。

　　網路流傳著關於賀爾蒙藥物副作用的文章大多都誇大不實（通常這些文章的結尾都是韓醫診所廣告）。舉凡發生在女

性身上的各種疑難雜症都以煽動焦慮的方式來刺激消費，而且內容幾乎都是無稽之談。在其他國家，無須處方就可以在藥局買到事後避孕藥，而口服避孕藥則必須諮詢醫師後才能開立處方。相反的，在韓國，事後避孕藥只能透過婦產科開處方後才能買，而口服避孕藥在藥局輕易就能買到。事後避孕藥是能夠確保女性基本人權的藥物，口服避孕藥則是為了維護女性健康而需要在醫師指示下服用的藥物。

我們必須培養自主收集正確資訊的能力，在充滿關於女性身體的迷信和謠言的資訊海洋裡才不致滅頂。我在網路上看過關於賀爾蒙藥物的各種負面報導，但這些嚴重的副作用多數都沒有發生在我身上。

服用賀爾蒙藥物的第一個月，我出現了憂鬱、輕微反胃、異常出血等副作用，但透過持續服藥，體內賀爾蒙變得穩定，這些副作用也消失了。經期第一天，我一如以往地感到身體沉重且疼痛，得躺在床上休息，月經來之前雖然一樣有長痘痘和心情憂鬱的困擾，不過，痛苦程度相較之下少了許多。隨著固定服用賀爾蒙藥物的時間越長，我的經前症候群和經痛也逐漸好轉。

除此之外，經痛的模式也有所改變，從前是只有第一天

和第二天會非常痛苦，現在的經痛程度則是在可忍受範圍內，但會持續一整段經期，很難說哪種模式比較好。總之，現在只要一天吃一到兩片止痛藥，唯一的不適只有下背部和骨盆附近會輕微痠痛而已。只要吃一兩片止痛藥就能忍受的疼痛程度，對我來說真是不習慣。

或許是心理作用，但臉上痘痘好像比之前更少，食慾和性慾也不再如脫韁野馬，因此身上的肉也少了一些，以往如狂風暴雨般的憂鬱感也平息下來。我能明顯感覺到體內的賀爾蒙變得安定平穩，月經不順有所緩解，且月經週期較之前更為規律，經血量也減少了。以前我的經血量起伏很大，第一天和第二天的量超多，從白天就要用夜用型衛生棉，還得替換三、四次，從第四天起經血量大幅減少，幾乎是與異常出血差不多的少量。在服用賀爾蒙藥物之後，經血量逐漸穩定，讓我輕鬆多了。

但有一點要特別注意，那就是每天必須持續服藥，如果跳過一天沒吃，會馬上分泌賀爾蒙，月經就來了。賀爾蒙藥物的基本原理是透過控制賀爾蒙抑制排卵，為了讓月經維持每個月的規律週期，在經期要吃四天的安慰劑，如果你過完經期卻忘了繼續吃賀爾蒙藥物的話，經期可能就會變得

亂七八糟。只要一天不吃藥，臉就會發熱、長痘痘、陰道出血，而且經痛會讓你覺得子宮裡彷彿是一個正在大興土木的工地。因此，即便很繁瑣，每天還是要記得在固定時間服用一顆賀爾蒙藥劑。

現在，每當晚上七點鬧鐘響起，我會自然地從標記著週一到週日的藥盒分格裡取出比小指指甲還小的藥丸，不配水直接放進嘴巴裡吞下去。即使有鬧鐘提醒，有時還是會忘了吃，於是我在七點十分又加了一個主旨為「吃藥了嗎？！」的鬧鐘。無論是上課、運動、吃飯、和朋友聊天、喝酒，甚至是去看演唱會，我都一定會準時吃藥。

一旦養成習慣，就不會覺得麻煩或困擾，因為已經成為生活常規裡的一部分。賀爾蒙藥物在我身上效果顯著，所以我打算今後在觀察病程進展的同時也繼續服藥。不要被那些讓女性陷入焦慮和恐懼的恐嚇式廣告所欺騙，請走進婦產科，與醫生聊聊吧。讓我們繼續關心自己的身體健康，並採取最恰當的處理方式吧。讓我們與自己的身體好好溝通、互相信賴吧。這樣才是真正了解並愛自己身體的最快也最正確的方式。

生理假

　　明天要和同學們一同拍攝短片，因為攝影器材都是租借來的，得在時限內拍完歸還，行程十分緊迫。表定早上八點在學校集合，預計凌晨兩點結束拍攝，這意味著我一定要搭上清晨第一班火車去學校才行。

　　問題是，我有預感月經就快來了。由於我的月經週期不規律，比預定日提前或延遲一兩天來都有可能，所以抓不準確切時間。不過，我全身上下都在告訴我：就是明天！我努力壓抑著不安的預感，難道就偏偏要挑拍攝短片這天來嗎？如果子宮之神眷顧我，就千萬別來呀！我一邊祈禱著月經別

來，一邊進入夢鄉。

短片拍攝當天早上，睡醒後發現月經沒來，我鬆了一口氣，伴隨晨曦一同出門了。拍攝短片的過程亟需體力，如果想在一天內完成極為緊湊的工作流程，連吃飯、上廁所的時間都得省下來拚命趕工才行。

整天都要扛沉重的拍攝器材、搬行李，還要管理拍攝需要的道具，在旁隨時待命；想快點拍完到下一個地點去，但拍攝過程中有車或人經過又得重拍；預定行程一直延後，大家的情緒都變得敏感，一點小失誤都讓人戰戰兢兢……只用一天拍完短片是一件非常消耗體力的工作，通常我第二天就得整天癱在床上。不僅是體力，在精神上也極度耗損。

當我帶著拍攝器材和行李抵達第一個拍攝地點時，瞬間感覺到有東西從陰道裡流了出來。媽的，我月經來了！髒話脫口而出，當下一陣頭昏眼花。早上狀態不錯，還以為月經不會在今天來，所以只帶了兩片日用型的衛生棉，經期第一天這些根本不夠用。

總之，我趕緊先拿出衛生棉來用，明顯感覺到子宮往下墜。就這麼不湊巧，我今天穿了把骨盆緊緊束縛住的緊身牛

仔褲，血液循環不良，下半身好像都麻了。我發誓今天拍完一定要把這件褲子丟掉。根本沒時間去藥局買止痛藥，幸好身上有帶止痛藥，我趕快吞了一顆。我不敢想像要是拍攝途中開始經痛該怎麼辦，太可怕了。我還得要扛著器材快速移動呢，經痛還得了。我不想造成拍攝的阻礙。

結果，從早上一直到凌晨兩點拍攝結束，我總共吃了六顆止痛藥。一旦開始經痛，至少會持續半小時到一小時，這時吃止痛藥已經太晚了，要提前吃才有效。所以我只要感覺下背部有些微疼痛，擔心經痛開始蔓延，於是就馬上吃止痛藥，最後，六顆藥丸全被我吃完了。

一天吃了六顆止痛藥，下半身彷彿被打了麻醉似的失去知覺。雖然感覺不到原有的尖銳刺痛感，但全身變得遲鈍無力，只想坐下或躺下。不過，因為還在拍攝，哪有時間能坐下，得要繼續不停地搬動器材。然而，我無論走路或站著都備感艱辛，當我彎下腰舉起沉重的器材時，全身都在顫抖。即便如此，我死也不願說出自己因為月經而無法工作導致進度延遲，於是一整天強逼自己的身體拚命工作，直到自己覺得已達到內心的標準。途中沒時間去買衛生棉，只好向學妹借，好不容易撐過了這次拍攝。

到了凌晨兩點，耗時十八個小時的拍攝工作終於結束，那時候有一種如釋重負的感覺。腳底板肌肉就像被撕裂般劇痛，兩條腿腫到快爆炸，但我最擔心的是，我的腰到骨盆之間已經毫無知覺。我感到精神恍惚、頭昏腦脹，無法分辨是因為太過疲勞還是止痛藥所導致，全身提不起一絲力氣，一陣頭昏眼花。胡亂吞下的止痛藥看來有發揮作用，但我的身體真的承受得了嗎？

在把錄好的影片備份到外接硬碟的過程中，我失神地坐在一旁，學妹走到我身邊，看到六顆止痛藥丸的包裝都空了，驚訝地對我說：「學姊，這種止痛藥一天最好不要吃超過四顆，下次不要再吃這麼多了啦。」聽到學妹這麼擔心我，讓我感動得想哭，眼淚在眼眶裡打轉，但我還是忍住了。即便我真的好想向別人吐苦水，說自己好累、好痛苦，但今天對每個人來說都很艱辛，我身為學姊，怎能在學妹面前表露自己的苦呢？

不過，當末班車已開走，有人建議要睡在學校或是到附近的汗蒸幕住一晚時，我實在沒辦法接受。靠著到處借來的幾片衛生棉敵不過經期第一天的超多經血量，我的內褲早已被經血浸透，感覺濕黏黏的，也不知道經痛何時會捲土重

來，而且只剩下兩顆止痛藥，在這種狀態下我根本不想在外面過夜。尤其我在第一天晚上很容易發生經血外漏，我不想一邊擔心著會不會外漏一邊努力入睡，我絕對會因為焦慮和擔憂而徹夜不眠。

我只想直接回家，洗完澡換上乾淨的衣服後，安心地躺在床上睡到不省人事。如果要住在外面，還得要買新內褲、衛生棉、止痛藥還有牙膏牙刷，那我倒不如用這些錢搭計程車回家豈不是更好。雖然回到家的距離很遠，讓我有點擔心高額的計程車資，但不管多少錢，我都一定要回家，以我目前的身體狀態是不可能住在外面的。

「我今天月經來了，真的沒辦法住在外面，我要搭計程車回家。」

當我對其他同學這麼說，他們爽快地決定我的車資就由公費支出，讓我好感動，不禁淚流滿面。因為月經不能外宿還補貼車資，應該只有我們班會接納這麼厚顏無恥的理由吧。如果是真正的工作職場，這種理由我根本不可能說得出口。

在搭計程車回家的路上，內心充滿了愧疚、自責與感激，因為情緒滿溢以至於未能在車上小憩片刻。望向窗外，

看見另一輛計程車的副駕駛座坐著一個與我年紀相仿的男生，舒服地閉上眼休息。有生以來，我從來不曾坐在計程車的副駕駛座上，因為害怕被載到陌生的地方，也從來沒有在計程車上安心睡著過。即便司機把車窗打開而讓我被冷風嗆得咳嗽，但我就連「請把窗關上」這句話也說不出口。已經凌晨兩點多了，我只想平安回家，不想引起任何紛爭。

一回到家，不知是不是因為過度勞累，竟然流鼻血了。久違的鼻血不停冒出來，我感到一陣暈眩，好似貧血的前兆，我隨便沖了一下澡，就直接倒在床上陷入熟睡。第二天醒來，發現自己因為在計程車上吹冷風而感冒了。

這讓我不禁思考，女人至今因為月經放棄了多少東西？又有多少東西是為了不想因月經而放棄所以咬牙苦撐過來的呢？透過強迫驅使自己的身體、精神和勞力，能夠捱過多長的苦痛？那天，我在許多好人的關照之下得以輕鬆地回到家，但這世上有多少女人沒辦法獲得這樣的待遇？這樣真的對嗎？像這樣讓每個人都得要承受所有痛苦的社會，真的正確嗎？我還要忍受這一切到什麼時候？我到底要刻意隱藏、閉口不言、強逼自己吞下這些痛苦到什麼時候？

腦中浮現出大聲疾呼「生理假是反向的性別歧視」、「請生理假的女生很自私」那些人的面孔，他們何曾關心過女性的真實生活，以及女性在各種艱難下是如何撐過來的。那些人堅信著世界是以沒有月經的男人為中心，唯有男性身體和男性法則才是普世標準，偏離此標準者都被歸在不正常的類別，必須符合男性定下的規則。女性占了人口的一半，不比男性稀少或微不足道，這些拚命展現無知的男人，對於女性活著就得忍受每個月的月經這件事視若無睹，這些可怕的男人，不斷地將女性推入性別歧視的社會結構中，卻還抱怨自己受到反向歧視。

　　沒有生理假可請的她們、雖有生理假但因為在意他人眼光而無法請假的她們、寧願咬牙苦撐也不請生理假的她們、忍受痛苦到再也撐不下去，只好請生理假的她們……腦中浮現了自己的過去，還有無數個素不相識的她們的生活。

　　幸運的是，我們學校有生理假制度，但有很多學校並沒有生理假可請。而就算有生理假，也不是想請就能請，准假的決定權在於教授手上，有許多教授並不承認生理假，有些教授甚至一學期只批准一次生理假。這令我十分驚訝，月經和經痛並不是我能控制的，生理假是一種對婦女人權最低限

度之保障的制度。

倘若生理差異導致社會歧視，那便是一個不公正的社會。從生物學來看，物種不分優劣，只是存在差異。如果因為這種差異而受到歧視，那便是一個不平等的社會。這種基於女性生理差異而不斷將女性推入社會歧視角落的結構，我們稱之為性別歧視、稱之為厭女症、稱之為荒誕不經。而女權主義者夢寐以求的社會，是一個公正平等的社會。

如果不分男女每個人都有月經，還會有生理假的爭議嗎？想必毫無異議地一致同意生理假。或者，倘若有月經的是男人而不是女人，他們會如此質疑生理假嗎？絕對不可能。但是，現在世界的所有標準都以男人為中心，女人只能持續向男人證明自己。「我真的是因為月經來了得請假，我沒有說謊，請相信我。」、「我因為月經所以非常疼痛，我有嚴重的經痛症狀，也去醫院證實過了，因此請諒解我必須請假。」你必須努力說服那些對女人的痛苦不屑一顧的男人，並請他們理解。女性總是必須遵循他們的邏輯，才能被男性世界所接納與認可。

現在，是打破這種陳舊結構的時候了。請牢牢記住漫威

第一部女性英雄電影《驚奇隊長》裡的名言：

「我不需要向你證明什麼。」

（I have nothing to prove to you.）

我們不需要向男人證明什麼，也不需要為了被男權認可而改變自己，更不需要為了融入男性主導的世界而勉強自己配合。在一個持續質疑女性存在價值的世界當中，不需要費盡心力去證明我們的存在，不需要讓那些對女性苦難視若無睹的男性理解女權主義，也沒有必要說服他們。這個歪斜不正的結構，迫使我們必須去說服那些對女性吶喊置若罔聞的男人們理解苦衷、逼得我們必須證明自己。現在我們將要打破這個結構，女性占了人類的半數，我們具有足以改變世界的力量，我們正處於女性團結最為重要的時刻，我們的團結將改變世界，而團結的核心正是我們的血液。

生理用品的自由！

　　以衛生棉為主流的生理用品市場已漸漸起了改變，以前只用衛生棉的朋友也會買月經杯、棉條和吸血內褲來嘗試看看，消費者總是希望市場上的選擇越豐富越好。

　　在衛生棉有毒物質風波以後，引發我們對衛生棉的警覺心，促進女性群體的覺醒。過去，我們相信唯有衛生棉才是安全正確的選擇，而現在我們開始對此抱著懷疑態度。很多人甚至在月經杯尚未引進韓國之前就已經知道這項產品了。

　　近來，韓國首次出現了一部談論各種女性生理經驗與生理用品歷史的紀錄片、韓國具影響力的YouTuber開始討論月

經杯、棉條和吸血內褲。衛生棉帶來的副作用已眾所皆知，現在已是我們能夠自由選擇生理用品的時候了。

衛生棉的神話早已被打破，已有許多女性接觸了更多樣的生理用品，並且分享自己的感想，越來越多人自由地談到月經，並為月經正名。我們已經往更美好的世界前進了一步，並將繼續前行。

我希望大家能夠去嘗試各種生理用品、了解各種生理用品的體驗並分享給更多人，親身嘗試布衛生棉、棉條、月經杯、吸血內褲，剛開始可能會不習慣且不舒服，需要一點時

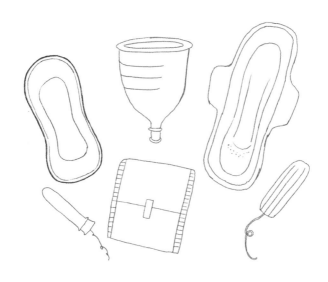

間適應。別著急，花些時間探索自己的身體和陰道，仔細選出最適合自己的生理用品。我不能說每種生理用品都是正確答案，每種產品都有優缺點，每個人適合用的生理用品也不同。當然，也有些人可能會發現衛生棉最適合自己，但如果你只用過衛生棉，就不能斷定那一定是最佳解，你怎麼能在不了解其他選項的情況下就說自己選了最好的答案呢？

　　基於以上論點，在本章的最後，我想分享一下我與朋友們冒險犯難的生理用品探險記。

比起一般衛生棉，有機棉衛生棉對身體危害程度較小，因為內含的化學物質比較少，但經血吸收率也較差。經血沒有馬上被吸收，所以會感覺到濕黏經血與身體接觸的不適感，要更頻繁替換衛生棉。一般衛生棉一天要換四、五次，有機衛生棉則是要換五、六次左右。不過，不會有經血接觸到化學物質所產生的異味，而且，因為不含化學物質，經血不會變成褐色，而是原本的鮮紅色。起初，我還被衛生棉上太過鮮紅的經血給嚇了一跳，但後來我漸漸明白，以往使用的化學衛生棉上的褐色經血，並不是原本經血的顏色。然而，並不是所有標榜「有

機衛生棉」的產品都經過檢驗，除了包裝，還要詳細確認衛生棉是否真的使用有機棉，棉花栽種過程中有沒有使用農藥。

 待在家裡的時候，我會用布衛生棉，因為沒有化學物質，可以放心使用。不過，根據我的經驗，不管是用布衛生棉還是純棉觸感的衛生棉，都一樣會伴隨著經痛。布衛生棉每次用完都要洗，這點比較麻煩且不便。初期成本也遠高於衛生棉，但我認為這對我的身體會更好，所以即便麻煩也會繼續用。衛生棉的使用會增加垃圾量，相較之下，布衛生棉更環保，光憑著這點就夠了不是嗎？

 我會同時使用衛生棉和棉條，尤其是在經血量大的第一天與第二天，我擔心只用棉條的話可能會漏出來，保險起見，會再使用衛生棉作為雙重防護。月經杯的放入跟取出都太麻煩了，所以我不常用。在經血量不多的經期尾聲，我會只用棉條。經期快要結束的時候血量也減少，用棉條會使陰道內部容易變乾，但跟衛生棉相比，用棉條讓我更加行動自如，也不再因為摩擦導致陰部

疼痛或是因為沾到經血而有濕濕黏黏的感覺，所以我很喜歡棉條。

我第一次嘗試使用的棉條沒有導管（歐洲普遍都是沒有導管的棉條），我後來才知道有導管式的棉條。把棉條塞入陰道並不困難，但我總是會有異物感，很不舒服，也許是我塞的方式不對、放錯位置，也或許是由於太過在意所導致。棉條放入體內的時間稍長，我就會出現疑似中毒性休克症候群，頭痛且反胃想吐。不過，實際上當然不是，只是我的心理作用。當我塞著棉條入睡時，也會擔心要是睡到一半發生休克怎麼辦。有一次，我在公廁裡要換棉條，原本放在袋子裡的十幾個棉條全都掉了出來，在那之後覺得對這一切的忍耐已達極限，就不再用了。

我有穿過吸血內褲，家裡有三、四件，每次要換洗的時候都得放入冷水中手洗，真的很麻煩也很花時間，費用也高於預期，但經期可以像平時一樣只需要替換內褲就好，這點比衛生棉方便多了。尤其是出外旅行

需要長時間移動的情況，穿吸血內褲超方便。不過，在外頭要換內褲很不便，變數太多了，所以外出時我同時也會使用衛生棉。吸血內褲不太可能每天都穿，經血量多的時候，會和衛生棉一起使用，或是睡覺的時候穿也很適合。

最近新推出了一款以「用穿的夜用型衛生棉」為概念的褲型衛生棉，外觀看起來就像尿布一樣，標榜晚上穿著睡覺絕不會外漏經血。我就直接穿著褲型衛生棉睡覺，沒另外穿內褲，早上醒來神清氣爽，完全沒有外漏，感覺很棒，而且可以直接脫下來丟掉也很方便。但褲型衛生棉價格實在太貴了，我倒不如去買紙尿褲來用還比較好。

我自從用了月經杯之後就不再經痛了。從前用衛生棉的時候有諸多不滿，排出血塊的不適感、擔心化學成分、外陰摩擦感、有異味等等，用了月經杯之後，這些煩惱瞬間解決，而且，經期會有的子宮下墜感也消失了。
第一次使用月經杯時，對於不會再有討厭的摩擦感備感神

奇，使用起來心曠神怡，只要穿內褲就好，會不敢置信地忍不住一直去摸異常清爽的臀部。經期第一天的經血量和分泌物都很多，因此很容易就能把月經杯放入陰道裡，越到經期尾聲，陰道也變乾，就比較難放進去，所以聽說有人會使用潤滑劑輔助。我第一次要將月經杯放入陰道時並不害怕，藉著重複起立坐下的動作調整月經杯在陰道裡的位置，花了一些時間才調整好。

當我第一次將月經杯放入陰道裡的時候，感覺頭暈想吐，我嚇了一跳，把月經杯拿出來後，上網查了月經杯的副作用，結果發現，跟我有同樣感受的女性比想像中還多。雖然我認為主要是心理因素，但也沒有勇氣再把月經杯塞進體內。網路上還說月經杯也會引起休克症狀，尤其還看到有人說在使用月經杯之後，對子宮頸造成損傷，血流不止，被緊急送往急診，我就再也不敢使用月經杯了。最後，還是繼續使用衛生棉。

一直都想嘗試看看月經杯，但直到真正購買還是花了滿長一段時間。剛好在我猶豫要不要買的時

候，發現有個月經杯品牌在婦女節有特價優惠，就拉著朋友一起衝動下單了。

一開始還不懂怎麼使用，嘗試把月經杯塞到經血量不多的陰道後半段，但怎樣都塞不進去，讓我好慌張。到了下一次經期，我再次嘗試，用了C字折和下凹折（Punchdown）試著塞入陰道，但還是進不去。

在嘗試過程中，看到網路上說用 7 字折比較容易放入，試了以後發現截然不同，非常順利。但把一個物品放入體內的那種異物感與不適感並沒有輕易消失，不知是不是心理因素，還是我沒坐好的緣故，沒過多久我又因為害怕而想把月經杯拿出來。然而，無論我再怎麼拉月經杯末端，都沒辦法拉出來，月經杯卡在陰道深處的肉裡，讓我痛得直掉淚。

我又去網路查，發現要取出月經杯時，得放鬆陰道肌肉，讓月經杯鬆脫的同時用手拉出來，我照著做，終於安全地取出月經杯。即便只放進去一會兒，杯中已經裝了一些鮮紅的血夜。看著月經杯裡晃動的紅色血液，有種奇怪的感覺，同時也莫名地有些許成就感。手忙腳亂過後，我的腿和手都沾滿鮮血，清洗乾淨後，又拿出衛生棉來用，整間

浴室都瀰漫著血腥味。我決定下次經期來時要再次挑戰。

 使用月經杯之後，最讓人驚訝的是，尿液裡不會有經血。以前用衛生棉的時候，覺得排出的尿液裡會混入血是天經地義的事情，從不曾感到疑惑，但自從用月經杯之後，又重新對於尿液和經血是從不同出口排出的這點有了明確認知。

為了選擇適合自己身體的月經杯尺寸，要將手指放入陰道內測量從陰道入口到子宮頸的長度，並了解自己每天的經血量有多少。藉由使用月經杯，讓我對自己的陰道和子宮有了更深入的了解。除此之外，透過實際看見且丟棄月經杯裡盛裝的經血，促使我思考一些問題，像是：女人為什麼每個月都要流血、人類是否只是為了繁衍而活著等等。因為月經杯，讓我有機會反思自己的身體與生活。

Chapter

— 4 —

FREEDOM

月經解放

My Body, My Choice
我有拒絕月經的權力

　　「我的身體，我的選擇。」看起來是一句眾所皆知、理所當然的話，然而，這個世界上不懂這句話的人超乎想像得多。韓國政府將女性的子宮視為國家財產，制定了育齡指南；韓國法律將女性墮胎誇大為國難，將其定為非法行為；韓國舉國上下擔心女性留短髮、不化妝、不穿內衣，甚至把不穿塑身衣視為嚴重的社會問題，種種行徑簡直罄竹難書。

　　女性擁有安全且健康度過月經的權力，同時也擁有決定讓月經不要再來的權力。如果想要暫停月經，請諮詢婦產科醫生以獲得正確資訊，這並不是自己能隨意決定的事情，務

必要諮詢醫生，藉由不同方法更加了解自己身體，這是必經的過程，在經歷這段過程之後再做決定也不遲。

暫停月經最常見的方法是施行避孕手術，例如：裝子宮避孕器（IUD）或植臂式避孕裝置（Implanon）。除了將避孕裝置放入體內，還可以利用賀爾蒙藥物跳過月經週期。之前提到過，在進行賀爾蒙療法的過程中，為了讓經期規律，會在每個月的最後四天服用安慰劑，如果繼續服用賀爾蒙藥物，就能跳過經期。許多女性會因旅行計畫而經常用這種方法延遲月經，雖然以此方法暫停月經的人並不多，但也值得一試。我詢問了婦產科醫生，他說這樣做並不是完全不會有月經，而是會逐漸減少到只有一、兩天會流少許血。不過，每個人的體質不同，請務必諮詢專科醫生。

YouTube頻道「Dot Face」上傳了一支影片，標題為「你以為你可以輕易告別月經嗎？」，影片中婦產科醫生提到的內容令我記憶深刻。

婦產科醫生會將月經模式和經血量視為生命體徵，月經與血壓、心跳、體溫、呼吸頻率一樣都是評估一個人身體是否健康的指標，是非常重要的生命體徵。在了解自身月經模

式的過程中了解自己的健康狀況，我認為這對於女性自己以及女性與醫療人員間的溝通都是十分重要的影響因素。透過這個過程，決定要暫停月經、或是藉由避孕藥或止痛藥調整經期、還是要改善生活習慣，所以是必經的過程。

即便你選擇了要暫停月經，也並不代表月經會在一天內就戛然而止。無論選擇哪種方式，都需要長期觀察，逐漸減少月經量，在此過程中也許會出現異常出血或是意想不到的副作用。我也很想冒險選擇暫停月經，但如果結果不是我所期望的體驗，我可能會選擇恢復月經週期。倘若持續服用賀爾蒙藥物帶來的結果與預期不同，我可能會選擇不再繼續吃藥。我想要嘗試運用各種方法，以確定如何控制賀爾蒙對我的身體最好，同時也藉由規律的生活方式來緩解不適症狀。

最重要的是，我擁有多少自由選擇的權力。所謂的自由選擇，並不是隨便選，而是基於充足的資料、資訊以及對自己身體的了解，經過深思熟慮後做出的決定。如果你因為誤以為只有天然的事物才好、排斥人為介入，或是由於對暫停月經的社會偏見與缺乏認知而錯過了探索不同生活方式的機會，那麼，這便不是一個自由的選擇。

韓國女性的生活在很多層面都被壓縮為過於狹隘的單一

模式：嫵媚長髮加上精緻妝容的苗條女性；漂亮可愛、和藹可親，且擅於撒嬌的女性；適齡結婚後又工作一段時間，產後成為家庭主婦的女性；在家養育小孩，照顧老公三餐，還會侍奉婆婆的女性；育兒的同時也操持家務還一邊工作的超人媽媽；一個在經期會毫無疑問地只用衛生棉的女性。

我並不是否定她們的生活，但如果女性能選擇的生活就只有一種，那便是一個很有問題的社會。我期盼有更多過著獨樹一格生活的各種女性能夠獲得社會關注：短髮且不化妝的女性；太胖或太瘦，不符合社會「漂亮」標準的女性；對打扮毫無興趣的女性；自信果斷的女性；追求名利和權力的女性；選擇不婚不育的女性；優先考量自己的職涯且不輕易放棄工作的女性；對衛生棉抱持疑慮，勇敢嘗試其他生理用品的女性；想試著選擇暫停月經的女性……等。

我夢想著一個能讓更多不同女性開創形形色色生活方式的社會；我夢想著具備讓女性能自由選擇理想生活的社會基礎。在這樣的社會裡，也許我們就能夠真誠地尊重和祝賀女性做出的任何決定，無論是初經或停經、要有月經或是暫停月經。

我想選擇一種有別於社會規範的生活方式，其中之一便

是暫停月經。為了做出最好的選擇，我會花時間、金錢和心力去找出最適合自己身體的生理用品；為了知道哪種避孕方法最適合我，我會嘗試各種方法，深入了解自己的身體，直到我能決定要繼續有月經還是暫停月經；我會更認真研究自己的陰道與子宮，知道什麼時候經血量較多、什麼時候經前症候群和經痛很嚴重、什麼時候會讓子宮負擔過大、什麼時候會引發陰道炎。如果這個社會沒有肩負起教育責任，那我只能自己努力學習，而這些學到的知識都將成為我的武器。

　　社會必須保障人民自由選擇的權力，以及保障生育權，這是基本人權。女性有權在健康且合法的狀態下選擇有月經或暫停月經、懷孕或墮胎、生育或不生育。我夢想著這個社會不再需要「我的身體，我的選擇」這種理所當然且眾所皆知的口號，而且我感覺，我們與這樣的社會正一點一點縮短距離。

正面看待月經

你對月經有任何好的回憶嗎？

當我詢問受訪女性這個問題時，得到了一致的回答。

「沒有。」

「可以的話，我也希望能正面看待月經。」

沒有人對月經本身有任何好的回憶，這讓我十分難過，因為我也是一樣。月經總是帶來困擾與麻煩、讓我感到難受且痛苦、阻礙我融入社會、阻擋我前進並束縛著我。如果我能從月經中獲得解放，也許就能展開一種與以前全然不同的新生活。對我來說，經前症候群導致的痛苦遠大於經期流

血一週的痛苦，倘若可以不必浪費半個月時間忍受經前症候群，那會是何等美妙的天堂生活啊。那兩週不用被憂鬱所支配、沒有痘痘困擾、食慾性慾不再肆虐、不會再有讓下背部麻痺般的經痛，如果真的能實現的話，會是什麼樣的感覺呢。

然而，服用賀爾蒙藥物之後，我的經前症候群得到相當大的緩解，拯救我於苦海之中，與此同時，我也莫名地感覺到彷彿失去了一部分自己。從前，在我深受經前症候群所苦的時候，只是一心想從痛苦中解脫，但實際上，我意識到那段煎熬時光早已成為我內在本質的一部分。我也重新體悟到，那段時光對我產生了深刻且巨大的影響，帶給我的不只有痛苦，還有一些正向的回憶。

以前我將月經認知為懷孕失敗的後遺症，無法說服自己為什麼非得要有月經不可，因此希望暫停月經，但當我理解了月經是體內運轉機制其中之一，會自然地隨身體的規律而循環，也是構成我內在本質的其中一部分，這讓我開始思考一直以來困擾我許久且根本沒想過會有的月經優點。

首先，月經是女性最容易察覺到的健康指標，也是與自己最貼近的身體健康信號。如果由於睡眠不規律、不健康的飲食習慣、缺乏運動、壓力等因素導致身體虛弱，就會馬

上反應在經期狀況上，比方說月經週期變得不穩定、經血顏色發生變化、經血量與之前不同、經前症候群和經痛更甚以往……等等，子宮會以各種方式提醒自己目前的健康情形。在此引述一位富有才氣的朋友發言——當月經來到，就像是接受子宮審判我這個月的飲食習慣和生活習慣。這比喻真是絕妙！月經正如同每個月做一次健康檢查，子宮就是每個月上門看診的主治醫生，仔細地向我傳達這個月的健康狀況。

透過月經，能夠每個月檢視且重新修整自己的身體狀況，我對此深懷感激。對於生活習慣與身體的變化，月經會敏感地即時反應出來，在日常生活中也許會造成困擾和不便，但也許這是身體發出的第一聲警鈴，也可能是守護自身健康的最基本防線。在繁忙的現代社會中，許多人沒有定期健檢，有病痛就忍著，最終病情惡化到無力可回天。

在這樣的社會，擁有一個可以定期確認自己健康狀況的指標，這是有月經的女性才能享受的特權。延伸這個脈絡，月經也是能讓你更深入了解自己身體的一種體驗。女性不知道自己每個月都在流血的部位在哪裡，這其實是一件非常奇怪的事情。可能是因為它位在一個很難看到的位置，也或者，從我還小的時候就在煤氣燈效應影響下認為女人應該嫺

淑清純，潛意識裡存在著連我自己也未覺察到的厭女症。

在這樣的社會中，如果你下定決心要認真了解月經，這便代表著你將要認真看待並了解自己的身體，也意味了你將會認真了解自己的陰道、子宮、乳房和身體的週期。月經是身體每個月發送給我的訊息，我們必須要好好地回應它。

最應該與我的身體維持密切溝通的人就是我自己，我以關愛目光觀察自己的身體，並努力記住身體的變化。學習認識自己的身體就是學習認識我自己，也學習如何愛自己的身體。同時，培養足以自主選擇要以什麼方式對待身體的能力，而月經是與身體締結深入且親密關係的最基本方法。

月經也不斷提醒著我，我作為一個人類，是與浩瀚自然共生共存的生命體。在現代社會裡，人類理所當然地將人與自然區分開來，但是，隨著女性每個月持續循環著月經週期，一再證明了我們不是脫離自然的獨立個體，而是存在於自然中的有機生物。

月經是藉由身體片刻不停地激烈運作以證明自身存在的一種行為。好似一株看似一成不變的植物，實際上內部正維持著活躍的運作，我那看似毫無變化的身體也在不知不覺中時刻都努力運轉著。身體的週期如同季節遞嬗一再循環，每

每都以獨特方式讓我感覺到自己與大自然間的連結，定期提醒我「我是自然的一分子」，是種既陌生又特別的體驗。

打破人類與自然間隔閡的月經，也推翻了將精神與身體分開的身心二元論。我們通常很容易陷入肉體與靈魂的二分法當中，因為這在我們社會中是非常普遍的思考方式。比方說，人們總是認為心靈層面崇高美麗，而身體境界低劣庸俗；會爭論人能否在沒有感情基礎的狀態下做愛；會說出「我的身體愛你但我的靈魂並不愛你」這種話。

將身體與心靈劃分為各自獨立存在的這種思考方式是非常危險的。因為，如果將食慾和性慾等的身體自然慾望視為低俗的事情而加以壓抑，那麼你的心靈也會離健康越來越遠。此外，心靈層面比肉體層面更為崇高的觀念，長久以來都是貶低女性不如男性的主要立論點之一。女人就是情緒化、被身體慾望牽著鼻子走，而男人很理性、能夠掌握對身體的主導權，所以是較優越的族群——當然，這是荒誕無稽的男性中心世界觀。

世界各地的性侵加害者百分之八十以上都是男性，那到底哪邊才更理性且優越呢？在我們將女性特質打上病態、不正常、低劣的標籤之前，應該對男性特質再多點關注。為什

麼主要都是男人犯罪、有暴力傾向、喜歡打架、愛將人分等級、在公共場合大聲喧鬧、滋事惹禍、菸酒成癮、無法控制自己的怒氣和慾望、不尊重弱勢族群、語言能力與溝通能力低下、不懂如何表達情緒、自制力不足？人們通常不會問這種問題，只會認為是個體差異，而這與社會大眾總是把所有女性一概而論並加以汙名化的態度大相逕庭。

刻意將女性特質與男性特質分為對立的兩端，並貶低其中一方，這對男女雙方都是束縛的枷鎖。同樣的，肉體和心靈何者更崇高、更該擺在前面，現在還問這種問題未免太過陳腐，毫無意義。

然而，女性所體驗到一連串與月經相關的經歷，打破了身心二元論，因為月經是一種無法否認身體與心靈緊密聯繫的經歷。曾經有一段時間，我認為子宮主宰了我的身體，我只不過是賀爾蒙的奴隸。但總歸來說，子宮和賀爾蒙都是我的，身體也是我的，這些東西集結起來才構成了我這個人，我並不單只是歸屬於身體或心靈任何一方，身體和心靈以有機方式互相聯繫，不能輕易分開，也沒有優劣之分。

世上所有的二分法都是有害的，這是一種男性哲學和男性規範，也是厭女文化的源頭，將女性禁錮在低等的肉體層

面，讓她們噤若寒蟬。世界上沒有任何東西可以明確劃分為兩個領域，人們定義出理性和感性、女性特質和男性特質、自然和文明來劃分世界，緊緊綑綁住所有人，也無人能獲得釋放。

當我受到經前症候群影響而情緒失控時，我總是會懷疑自己。這些極端的情緒波動單純只是賀爾蒙造成的嗎？倘若是賀爾蒙帶來的情緒波動，這能算是我真正的感受嗎？身體不能控制思想嗎？這會不會是賀爾蒙營造的假象？我甚至無法相信自己的感受。

事實上，之所以會對自己產生諸多懷疑，是源於那些不了解且不尊重女性的男性長久以來的打壓與洗腦。首先，情緒是屬於身體領域還是心靈領域呢？賀爾蒙又屬於哪個領域？你能把這兩個領域清楚切分開嗎？一直以來，女性都被困在這些虛無飄渺的問題裡，在男性定下的規範之中，無時無刻都在懷疑自己的本質。

為什麼男人對一切事物都能如此自信滿滿，而女人卻要不斷地懷疑、審查和證明自己？為什麼我不能談論那些發生在我身上的鮮明痛楚，還必須把它從世上抹滅，好似從未發生過？為什麼我不能直呼月經、陰部、性暴力、性別歧視之

名？從古至今，女性被剝奪的用語就只有「月經」一詞嗎？因為語言及社會規範都在男性的掌管之下，女性為了融入這個世界，不得不持續地證明自己。

我必須證明我是一個受害者、我必須證明我是一個擁有自主判斷能力和理性的人、我必須證明我是一個有寫作才華的人、我必須證明我是一個會開車的人、我必須證明我是一個懂得投票且能夠參與政治的人、我必須證明我和男人一樣都有性慾但同時也有權拒絕邀約、我必須證明我是一個能夠在社會上工作並取得合理報酬的人、我必須一再證明，與只不過是一個細胞的胎兒比起來，我的生命更重要、更珍貴幾億倍，我的身體就該由我自己決定。

女人總是要努力讓自己符合男人設定的所有規範和標準，用他們的邏輯去說服他們。在這樣的社會裡，女性連自己的感受也抱著懷疑，無法相信自己。我的情緒是賀爾蒙造成的嗎？還是因為月經？或是更年期？我不得不反覆質疑自己、問我自己，我是不是不夠理性、是不是有情感缺陷、是不是自己太過敏感。

忘記是從什麼時候開始，我不再試圖判斷我起伏不定的情緒是否與賀爾蒙有關，因為覺得追究這個也沒有意義。不

管是因為月經或賀爾蒙所導致，我所感受到的這些情緒都真實的存在著，捨棄身心二元論之後，也沒有理由再對自己心存質疑。因為我感受、體驗、看到和思考的一切經歷，都是我的一部分，不需要拆解、劃分我自己。當身體對我傳達了某些訊號，我會對身體的變化做出回應，當全身循環的溫熱血液從陰道流出，我的手、陰道、子宮感受到那股血液，猶如我與自己進行了一場親密無間的溝通。

依循這樣的思路，我也變得能夠正面看待各種豐富的情緒變化。從經前兩週開始，我的心情起伏就像三角函數正弦曲線圖般的劇烈震盪，我不喜歡那種無助地被迫陷入情緒漩渦裡的感覺，前一天感到身處憂鬱的谷底，隔天又攀升到幸福的峰頂，劇烈的情緒轉變讓我不斷懷疑自己。因為月經，我每個月都得經歷好幾次如雲霄飛車般起伏的心情變化，這讓我渴求著沉著安定、平穩無波以及安寧舒心的狀態。

然而，當我開始以正向心態看待月經，並且決定真誠接納和肯定我所有的情緒時，我感受到了驚人的變化。無論憂鬱或喜悅、不幸或幸運，我變得能夠直視與接受一切的際遇。倘若沒有月經，我能體驗到如此陰暗的憂鬱感與宛若重生般的喜悅嗎？我能在如此多樣化的情緒中穿梭來去嗎？與

其在一個貧瘠冷感的世界裡變得麻木不仁，我寧願一次次死去又再重生，把自己交付給瞬息萬變的情緒。

對我來說，所有情緒都是珍貴且有意義的體驗，我決定不再懷疑、忽視或壓抑任何一種感受，而是完全接納我所感覺與經歷到的一切。唯有深入觀察並探究我的情緒，才能了解我為何痛苦、為何喜悅，以及為何感到恐懼。

現在，我已經能夠正面看待生活變化且認同自己隨時都在變動的身分。從前，我堅信身分是穩固不變的，有堅實的自我基礎。但奇怪的是，每當見到不同的人時，我都會迅速轉換不同面貌，連我自己也驚訝，對內心存在著無數個不同的自己而感到迷惘。真實的我到底是誰？難道虛假的我掩蓋了真實的我？這些問題每天會出現在心裡好幾次。

獨處時的我、與朋友見面時的我、寫作時的我、與家人相聚時的我……不同場合裡出現的每一個我，看來就像是毫無關連的陌生人。一直以來，我都在尋找自己的「真正身分」，但直到後來我才醒悟到根本沒有那種東西。

正如同無人能留住持續流逝的時間、快速流轉的季節，這世間一切事物不停變化，好似一再修剪又會繼續生長的頭髮。我的身分也是如此，每當經期到來，就會反覆經歷情

緒的巨大落差，時刻會冒出另一個連我自己都無法理解的人格，所以，過去很長一段時間裡，我對於自己到底是誰、是一個什麼樣的人而迷茫困惑。但每一種不同的面貌終究都是我。這世上沒有永遠不變的東西，無論是我的身體、我的情緒、我的身分或我的人生皆如此，在我經歷了無數次經期後才明白，我能做的只有正面看待一切變化。

每度過一次經前症候群，都得死而復生好幾次，一再迎來重生的自己，但身處洞窟裡的記憶卻寒冷得令我難以忘懷，我帶著所有的前世記憶，一次又一次起死回生。就像唯有不斷蛻皮才能生存下去的蛇，或許，人類本就得要經歷不斷的轉變才能活下去。

終歸來說，我意識到所謂的身分並不是從已存在的東西裡去找，而是必須像藝術家一樣親手創造出來。我的身分可以隨時改變，而那改變就是我的身分本質。透過我的經期體驗，我察覺並接受了自己隨時都在變動的身分，不再陷入安定穩固的期望、自我認同的追求、固定身分的幻想之中。我學會認同且擁抱上天賦予給我如此變幻莫測、漂流不定的命運。直到那時，我才真正重生為一個強大的人，能夠全然肯定每一刻的情緒與體驗。

月經使我不停地向自己丟出哲學問題，其實，月經本身就是一種充滿哲理的體驗。為什麼我會有月經？以此為起點的提問引導我們追尋人類存在的原因。人類生來就是為了繁衍後代嗎？生存的終極目標是繁衍嗎？如果人生來就為繁衍，那麼我們與其他生物的區別是什麼？不繁衍的女性一定要有月經嗎？不繁衍的人該如何活下去？盲目輕率的繁衍行為，對人類真的有益嗎？比尋找正確解答更重要的是永遠保持質疑的態度，而月經正是一種讓女性保持哲學心態的體驗。

　　月經也是觸發豐富藝術靈感的源泉，在經期會湧現格外優異的創造力，因為月經而經歷了極端的情緒和身體變化，這也激發出新奇且別出心裁的想像力。極端也意味著豐富多變，如果每天都過著一成不變的單調生活，很難衍生出藝術。當你處在人生的低潮，當你被放逐到最孤獨、最痛苦的谷底，藝術方能誕生。

　　所以，有時我會把自己推進洞窟裡，足夠強大的人能夠靠著自己的力量走出黑暗，而這樣的生活本身就構成了一個故事，一個女人只要把自己的生活記錄下來就能成為一個了不起的藝術家。我們也可以由此定論，女性比男性更適合成為藝術家，正如迄今為止男性對所有女性統括設定的形象一樣，女性

全都敏感且情緒化。敏感也意味著細心易感，而心思細膩且情緒化的人更適合從事藝術創作，那正是我的理想目標。

在經期，本就敏感的感受性會變得更加靈敏，使我更加細膩觀察並且謹慎看待周遭環境，看見別人忽視的東西、感受別人未能發覺的事物。身處在憂鬱的海洋中，我忙著捕捉不斷奔涌而出的句子，回想起來，我那些堪稱傑作的句子大多都是在經期寫出來的。

適度的慾望能夠為生命賦予活力，包含性慾和食慾等的各種慾望到了經期會隨之高漲，也為生活注入了活力與能量。月經定期地為乏味單調的日常生活添加新鮮感和多樣性，藉由正面看待月經，我對於自身慾望也轉為肯定的心態。現在，身體哲學愈發受到關注，了解並肯定自己的身體是非常重要的事。一如先前一再提到的，我的身體與慾望是孕育豐富藝術文本的源泉，讓我得以更加深入探究人生。

基本上，正值經期的人會投入更多時間在自我覺察上，促使我對於情緒轉變、身體變化、生活習慣變動以及周圍環境帶來的影響做出敏感的反應。月經歷程是了解自己的大好機會，但我並不是要你忽略月經帶來的壓力與痛苦且強迫你肯定它，憂鬱、痛苦、煩躁和不舒服的感覺是無法抑制也沒

辦法消除的。

　　但你必須知道的是，這一切情緒讓我們的生活變得更豐富多彩，也讓自己更加人性化，我們絕不能喪失對黑暗過後必會出現光芒的這個信念。我們持續不停經歷改變，儘管無法斷言自己是否越變越好，但我相信我可以決定自己要變成什麼樣子。我期盼你能夠不要逃避，完全享受每一個瞬間，也希望你能寬容地擁抱自己的月經歷程。因為，月經是構成女性身體、身分、生活的一個至關重要的要素。

　　有時候，我們很容易會忘記這些體悟，有時感覺自己又輕易退化到從前的樣子，當我在經前的憂鬱海洋中掙扎，有時也會覺得曾下定決心去愛這份憂鬱的承諾離自己好遠，大概跟去火星的距離一樣遠。但我明白，已經醒悟的道理會烙印在心裡，想拋也拋不開；已經開始轉變的感知系統也不會再回到原來的狀態。

　　度過那段黑暗的時光後，我會一點一點變得更堅強，相信自己能從痛苦中重新站起來，也會堅信黑暗盡頭必定有光明。在歷經好幾個洞窟之後，我將會擁有健康的生活態度，無論是痛苦或喜悅都能夠抱著感恩心情。

　　我將會發現，依賴著伴侶、朋友、父母、網路、金錢、名

利、權力⋯⋯等事物，只會帶來失望和挫折，能依賴的唯有自己。我終究會明白，這世上最重要的人就是自己，最重要的事就是與自己建立穩固緊密的關係，我會懂得全然肯定且信任那個隨時都像個新生嬰孩般不斷轉變的自己。我會確實體認到，唯有自己才能陪我走到最後。

如何定義月經是一大重點，是將月經視為懷孕失敗的結果、或只是體內運作的活動之一、抑或是一種自然的循環？這個定義不光只是和月經有關，更是攸關著女性的身分和生活。正向肯定月經，也意味著肯定女性的人生與其存在本身。

無法正面看待月經的女性能夠真心的愛自己嗎？承認並接受月經是生活的一部分，不抱著排斥心理，這樣的心態是很重要的。長久以來，女性在父權社會中一直他者化、物化自己的存在，於是女性會輕易把有月經的那部分自己切割出去，認為經期是脫離正常範圍的一段時間，應該盡快過完，回到正常的身體狀態。但若抱著這種心態，永遠都不可能真正的尊重自己，處於經期的我與沒有月經的我，終究都是我，必須認同、接受並肯定所有的我。唯有如此，才能夠真心去愛每個月都在流血的自己。

正面看待陰部

首先，想請問各位讀者是否會對「機掰」（正確寫法為「膣屄」）這個詞感到怪異或聽起來不舒服？若是如此，應該如何表達會更好呢？

男人性器官有各式各樣的稱呼，像是：辣椒、那話兒、陰莖、小雞雞、屌、男根、男莖、陽具等等。像小雞雞和屌都是男人性器官的粗俗稱呼，但跟「機掰」比起來，感覺就沒那麼粗鄙低俗。「屌」源自於罵人的粗話，也是大眾常用的一種表達方式。

除了小雞雞和屌之外，其他用詞在生活上都很常見，而

用於推崇男人性器官時，則會使用男根、陽具等稱呼。韓國人最常使用「辣椒」一詞來代稱，另一方面，用於指稱女人性器官的「鮑魚」★卻被認為淫穢不雅。「小雞雞」原本是用來指女人的性器官，現在也成了指代男孩性器官的用詞，現在留給女性的用語已所剩無幾，大概就只有機掰、屄★、陰部。

不過，陰部是不分性別皆可用來代稱性器官的詞，因此不能說是女性的專屬用語。那麼就剩下機掰和屄這兩個詞，但兩者都被認為是粗鄙低俗的表達方式，包含著屌字的髒話總是意味著負面意義，相反的，屌有時卻是帶有稱讚意味的形容詞。比方說，形容一件事很屌，就是一句帶有正面誇飾意味的粗話，先不論那件事情是好是壞，以屌這個詞來形容即代表著讚揚；另一方面，舉凡對話裡出現「屄」字就只有負面意思，只要查閱字典便可知道，此字源指的是性交的意思，也並非特別用來表示女性生殖器。

那麼，就只有「機掰」是專門用來稱呼女性生殖器的名詞，但是，在字典裡寫著這個詞是女性生殖器的粗俗稱呼，就連這唯一的女性專屬用語也被視為是不能輕易掛在嘴邊的粗話。正如同我們從前一直忌諱月經這個詞一樣，長久以

★ 鮑魚：原文為蛤蜊，此處以台灣常用的鮑魚稱之。
★ 屄：音：bī／ㄅㄧ。

來，我們總是避諱不談女性生殖器，以至於甚至沒有發明一個能夠在日常生活中使用的女性用語。

那麼，讓我再問你一次。應該如何稱呼女性生殖器呢？稱為陰道？但那僅是生殖系統的一部分；機掰？聽起來又太過粗俗不雅，但那已經是唯一的女性用語了。一如我們無法直呼月經這個名稱，一直以來我們也無法說出女性生殖器的稱呼。

根植於社會的厭女症，造成女性對自己生殖器的厭惡感，也理所當然地形成了對月經的厭惡感。我們能做的就是發明新的女性用語，或是將現存用語轉變為正面意義。唯有直呼月經之名，才能正面看待月經，同樣道理，只有當我們能為女性生殖器正名的那天，才能夠對自己的陰部抱持正向心態。語言的力量，尤其是名稱所蘊含的力量非常巨大，我們不該再對女性用語施加粗俗不雅的形象。女性生殖器並不是該避而不談、隱藏起來的東西，也絕非色情不雅之物，只不過是身體器官之一。

社會普遍對於女性生殖器抱持著負面觀感，而這也對我造成了影響。網路上常見到一個歧視用語「臭鮑魚」（意指

女性陰部散發異味），我第一次看到這個詞的時候，感到非常驚愕惶恐，在心裡刻下深深的心理創傷。女孩們每天都會接觸到多不勝數且可怕的歧視用語，一想到這，就讓我升起滿腔怒火，但更可怕的是，這些歧視用語越過了網路線，正在控制著我的現實生活。

在看過「臭鮑魚」這個詞之後，我便開始注意到自己的陰部散發出的氣味。實際上，不管是男人還是女人，都會因為生殖器分泌物而散發些許味道，如果男人沒有把生殖器清洗乾淨，也會發出難聞的氣味。不過，無論男女，要是生殖器有異味，只要用水清洗乾淨就能解決問題了。

然而，「臭鮑魚」這個歧視用語讓我陷入了極端的自我審查，每個小時都要清洗和檢查自己的陰部，擔心會散發異味。我對自我審查的恐慌達到極點，甚至還買了陰道灌洗液，會讓陰道散發花香，但使用後我就得了陰道炎，所以就沒有繼續用了。原來是陰道內部會保持菌叢平衡以維持自體免疫力，而使用灌洗液則會破壞平衡導致生病。其實女性只要以清水沖洗生殖器就足夠了。

不過，我還是不想放棄讓陰道不散發異味這件事。當時

很流行巴西式熱蠟除毛，是透過熱蠟將陰毛除得一乾二淨的除毛方式。宣傳廣告說，熱蠟除毛後，經血不會再沾到毛上，還能避免產生異味。我當時心想：就是這個！這就是我要的效果！徹底被廣告吸引的我，馬上打電話去預約時間。

隨著日子越來越近，我的心緊張得砰砰跳，既期待又有一點恐懼。終於到了那天，我找了一位願意陪我一起除毛的朋友同行，一起抵達那家店。那位朋友來自加拿大，很早之前就曾經向我介紹「蜜蠟除毛」，做法是加熱融解蜜蠟之後，塗抹在毛上再撕起來。我在家裡曾試過一次，結果把鍋子燒焦了，最後失敗收場，所以還是得來專門的店家處理。

我拿著店員給我的觸感舒服的內褲和毛巾，在位於店內一角的小浴室裡，用蓮蓬頭把陰部沖洗乾淨。雖然遲早都要脫下來，我還是穿上運動褲，走進了一個有著開放式天花板、四周被圍起來的空間裡。我依指示脫下褲子和內褲，平躺在床上等候。我朋友在隔壁房間，但因為是開放式天花板，所以任何聲音的傳導都暢通無阻。因為在這狀態下有點侷促不安，我們有一搭沒一搭的聊著天，直到店員進到房間。

這是我第一次在裸著下半身且躺著的狀態下與素未謀面的女性見面，實在太害羞也太尷尬了，讓我冷汗直流，不過

這尷尬場面並沒有維持多久。幾分鐘後，剛開始的羞窘感瞬間消失，取而代之的是身體感受到的強烈痛苦。

店員將熱蠟塗抹在陰部上，當蠟凝固變乾後，就毫不留情地撕下來，當下我真的眼冒金星。有生以來最痛的一次，也是第一次感覺到什麼叫做痛不欲生。當我不由自主地慘叫時，隔壁房的朋友和店員都笑了，但我實在太痛了。現在，請用你的右手拔掉左手臂上的一根手毛，或是自己拔掉一根頭髮試試看，痛吧？更何況是全身上下最敏感的陰部，大概比拔手毛或頭髮更痛五千倍。

那天，花了整整三十分鐘，把我的陰毛除得寸草不生、乾乾淨淨，我痛得哀嚎的同時，止不住眼淚和冷汗齊流，內心發誓我絕對再也不做這根本沒必要又痛得要死的事情了。外國女人怎麼能把這種事習以為常的呀？

最後總算是完成除毛了，但真正的問題出現在除毛後。因異常刺激而紅腫的陰部，就像毛被拔光的慘白雞皮，真的很怪，我難以接受，而且從審美觀點來看也很不協調。從身體方面來說，因為拔除了原本保護陰部的毛，瞬間打破身體原本的保護機制。

為了防止毛髮倒生，我認真地幫肌膚去角質，但自從除

毛後，外陰部發炎和陰道炎都變得嚴重，只好一再到婦產科看診。等毛再長出來，又會經歷另一種痛苦，長毛過程讓表皮又癢又刺痛。我實在無法理解這方法到底哪裡清爽舒適了？因為我在經期也從來沒有因為陰毛而困擾過，熱蠟除毛的必要性也變得越來越低。最後，我的熱蠟除毛歷險記只嘗試了一次就結束了。

接著說到腋下除毛，女性到了夏天不得不做的腋下雷射除毛，也是超乎想像的痛苦。因為雷射會傷害眼睛，所以在雷射前要先戴上護目鏡，讓帶有傷害性的雷射光打進我柔嫩的腋下表皮裡。雷射過程中，飄散著毛髮燒焦味的同時，傳來的震動感像是連骨頭都要震碎了，尖銳的刺痛感讓手指腳趾忍不住蜷縮起來。對特別柔嫩的腋下肌膚給予這種異常刺激，可想而知會有多痛，雷射結束後，從手心上深深的指甲痕跡可以看出剛剛拳頭握得有多緊。我覺得自己沒辦法再做雷射除毛了。

不再做腋下除毛和私處除毛之後，前男友問我為什麼不把毛剃掉。

「那你怎麼不剃？你也有腋毛和陰毛啊。」

「我又不一樣，你是女生耶。」

「你知道這樣是性別歧視嗎？」

面對歧視得如此理直氣壯的男朋友，我一肚子火，要他以後不要再提這件事。女性除毛可不像他刮鬍子一樣輕鬆，而是用熱蠟把毛連根拔起，還用雷射燙過自己，這傢伙就只有刮過鬍子，對除毛的痛苦一無所知，竟然好意思對我說那種話？我之前請他把鬍子刮乾淨，他還嫌麻煩無視我的要求。從那之後，我下定決心再也不除腋下和陰部的毛了，也不想把錢花在以厭女為出發點的塑身衣上，最重要的是，我不想再乖乖順從男人的要求了。那傢伙激出了我骨子裡的反叛特質。

書寫月經日記，讓我明白我必須去真正實踐那些曾經想過要嘗試的事情。沖完澡、把手洗乾淨後，我在鏡子前坐了許久。記得小時候曾出於好奇而想透過鏡子看看自己的陰部，卻沒來由地感到害怕和自責，所以馬上就放棄了。

鏡子裡那個張著腿坐著的自己，看來好陌生，但我絲毫不感到羞愧，一切看來是如此自然。我若有所思地盯著鏡子裡自己的身體，恍然看見小時候的身影與現在的自己重疊

了。時光流逝至今，現在的我，第一次直視著映照在鏡子裡的陰部，我低聲地對自己說：「它完全不淫穢、也不骯髒，也不是一個應該散發香氣或保持美觀的地方。我的陰部既美麗又珍貴，我不會讓任何人粗魯地對待它或侮辱它。」

繞著圈輕撫自己的下腹部，想起了我的子宮就在這底下努力工作著。這是第一次，我向我的身體輕聲道謝。為什麼我之前會認為所有這些都是理所當然的，甚至還對自己的身體抱著厭惡感呢？我對過去有滿心懊悔，即使全世界都嫌惡

它，我也應該珍惜它才對，我真誠地向我的身體道歉。

如果早點領悟到這個道理，早點與自己的身體和解，那該有多好。過去那段厭惡和忽視自己身體的時光真是白白浪費了，但也許現在就是最好的時機，所以我才會在這個時間點醒悟過來，因為這是我經歷了與自己的激烈對戰後才獲得的領悟，於是更顯珍貴。我花了很長時間仔細看我的陰部、了解陰蒂和陰道在哪裡、大陰唇和小陰唇長什麼樣子、陰毛朝哪個方向生長。用手反覆摸索自己的身體，研究在放入棉條和月經杯的時候，用什麼角度會比較好放，與自己建立了一種密不可分的親密感。

因為不符合社會對女性的暴力審美標準而藉由各種方式改造生殖器的女性比想像得還多，那些方式大多對女性身體有害，像是：陰道灌洗液、熱蠟除毛、陰道緊實術（別名是「美麗手術」）、陰唇縮小術等等。在這世上至今仍有地方會進行可怕的「女性割禮」（female genital mutilation，FGM），割除女童的陰蒂和小陰唇。厭女文化的核心是性，在一個以男性為中心的社會，會營造出對女性陰部、月經和身體的嫌惡。身處於宰制與抹滅女性性慾的社會，我們必須更加提高自己的音量並大聲疾呼。

為此，我會直呼陰部的名字，我會正面看待並且愛我的陰部，我會認真觀察、深入探究並仔細了解我那毛茸茸的褐色陰部，我會找出最喜歡的自慰方式和自慰工具，也會找到最適合陰部且健康的內褲及生理用品，或者是嘗試選擇暫停月經，同時也會去愛自己的經血。我不會屈服於這個將陰部與月經視為不可告人、淫穢不雅並且試圖抹消和打壓的社會，我要在語言戰爭裡守護女性用語而奮力戰到最後。

　　唯有正面看待陰部，女性才能開始肯定並愛自己的身體，我決定要正大光明且自然的稱呼陰部。佛洛伊德創造出一個毫無憑據的「陰莖羨妒」（penis envy）理論，這給了我一個靈感，從今開始，我要宣揚「陰部羨妒」理論。現在，該讓所有人都知道，陰部是多麼美妙且美麗的存在！

正面看待我的身體
Body Positivity

　　就如同某天突然閃現的想法一樣，變化也在轉瞬間就侵入了我的生活。當我能夠愉快地正面看待自己的月經時，便能夠肯定自己的身體，也才能全心地愛我自己，抱著這個單純的想法，我開始書寫月經日記。雖說不是一朝一夕就能看見改變，但我堅信總有一天一定會發生，這份信念讓我懷抱著希望。

　　透過書寫月經日記，我能夠以客觀目光觀察我自己，哪種過去經歷成就了今天的我、現在的我位於何處、未來又該往哪裡前進。這也讓我開始面對社會是如何塑造出月經禁忌

和厭女症，而我在這樣的社會當中又是如何形成了自我厭惡。

然而，用理智去理解和用心去接受是完全不同的。即便我知道若能接納和愛我自己就可以獲得真正幸福，但我還是無法擺脫自我厭惡的沼澤。不，應該說我依然無法正面看待自己的身體。吃了事後避孕藥後，體內賀爾蒙瘋狂飆升，經歷了有史以來最劇烈的經前症候群，也導致了前所未有的嚴重自我厭惡。多囊性卵巢症候群帶來了遍布全臉的痘痘，我在比以往更深不見底的憂鬱海洋中拚命掙扎，無法控制的猖獗食慾和性慾，使我心中對自己的厭惡感愈加鮮明。

我用厚厚的化妝品把痘痘勉強遮蓋住才敢出門，但總有人會假借關心的名義，對我的皮膚指指點點，我覺得自己都要得社交恐懼症了。算命大叔說我的痘痘也會影響面相，要我好好照顧自己的皮膚；打工地點的主管對我說，又不是青春期，皮膚怎麼糟成這樣，這不正常，最好去醫院看看；某個朋友推薦我買對痘痘有幫助的保健藥品；一個好久不見的朋友欲言又止地盯著我的皮膚看，這一切的話語和目光都帶給我深刻的傷害。

我很想告訴大叔、主管、朋友們，我之所以長痘痘，不是因為我怠惰、疏於照護皮膚。但我說不出口。每當有人

盯著我的痘痘，都讓我滿臉通紅，長痘痘的部位更是發熱發燙。雖然他們也有問題，但最大的問題是我自己，因為我是如此憎恨自己的臉。

瞬間被搞砸的皮膚狀態沒有這麼容易恢復，我試過各種方法，像是標榜有祛痘功效的茶樹精油面膜，每片單價一千韓圜，我每天都敷，連續敷了半年，但也只是白花錢。還以為可能是護膚品的問題，化妝水、精華液、保濕乳液、卸妝油、洗臉慕斯等基礎保養品也整套換過五、六次，後來還是放棄了。

也曾花大錢去皮膚科治療痘痘，只有那個時候是借助外力來照護皮膚，但痘痘依然不斷隨著月經週期一起找上門。曾抱著這次一定能治好的期望，到醫院拿了超貴的痘痘處方藥，但最終還是毫無成效，像是把錢丟進水裡。

那時，我已經耗盡心力了。為了遮掩痘痘而塗上厚厚的遮瑕化妝品，結果卻因此讓痘痘狀況更惡化，在那幾個月期間一再惡性循環。回到家，卸下層層疊疊的化妝面具，接著洗澡，在這過程中，因為討厭看到自己的臉，所以看都不看鏡子一眼。我不想看到自己那張冒出瘟疫般紅腫膿痘的臉，每當我瞥見鏡子裡的臉，視線彷彿化為尖銳的利刃，刺穿了

我的心。

　　至今我仍清楚記得第一次走進皮膚科治療痘痘的那一天，雖然父親說那種地方都是一些沒有醫師執照的人靠著患者自費來賺錢的二流診所，但我聽到對方說治療痘痘最有效的方法就是把膿擠出來，還是昏了頭，付了一大筆錢。當我走進位於首爾市江南區那棟華麗的高樓大廈，發現整棟大樓都是這間醫美診所的範圍，一樓是接待處及諮詢室、二樓是護膚室、三樓是除毛室、四到六樓是整形外科、七到八樓是恢復室……，堪稱是一條龍的服務。

　　自從踏入極為明亮耀眼的大樓內部，就讓我感到瞠目結舌，看到接待人員時，內心更震驚。妝容完美無瑕、外型宛如真人娃娃般的接待人員，穿著類似空姐制服的貼身正裝，笑臉盈盈地前來接待我。在一樓等候的顧客超出預期的多，而且全都是女性。

　　他們為什麼會來這裡呢？在我看來，每個人都很漂亮呀，看著他們，我暫時陷入了沉思。過一會兒，被安排到了二樓的護膚室，裡頭很寬敞，排列著一排排讓顧客躺著接受護膚療程的床。女性們閉上眼睛平躺在床上，外表精緻完美的年輕女性美容師在床與床之間忙碌地工作著，我好奇著他

們真的是皮膚專家嗎，但在那裡我沒看過真正的醫師。

曾有一位被稱為醫師的人走到我的床邊，只停留大約一分鐘左右，但看起來非常年輕，也不確定是不是真的醫師。那裡的作業模式就像工廠流水線一樣運轉，有人會將顧客要做的療程列成清單貼在床邊，每個療程的負責人會依序輪轉到床邊機械式地完成各自的任務。不知怎的，感覺正在看一個規模龐大的工廠生產線。在現場忙碌運轉的女性宛如美麗的人偶娃娃，而安靜躺著的女性就像是被複製出來的產品。如同工業化印刷機器，女性們就以這種方式接受護膚療程。

擠痘痘的痛楚不亞於熱蠟除毛，每擠一次都讓我淚流滿面，但相較於疼痛，那裡的整體氣氛更讓我難以忍受，所以後來就不去了。在這龐大的產業，誰是最大的贏家？在刺眼的燈光之下，耳邊只縈繞著不曾停息的高跟鞋腳步聲。

我的腦子裡時常會浮現出一些已久遠到想不起來的回憶畫面。在幻影中，路上與我擦肩而過的每張臉孔都漸漸模糊，然後從天降下一個鮮紅巨大的子宮。有時候，這些幻影不會馬上忘記，而會深植於我的身分本質之中，成為我的一部分。不知從何時開始，我會把自己的臉看成是一個鮮紅的子宮，我的子宮狀態宛如是以痘痘的形式顯現在臉上，感覺

痘痘就像是子宮的傳令兵，持續向我發送訊息。

有時候，我會靜靜地看著鏡子裡那個沒有任何化妝和掩飾、脆弱地暴露在空氣中的自己，我的子宮也像這張臉一樣長了這些令人厭惡的膿包嗎？我也知道要治療痘痘就得去趟婦產科才行，但我莫名地總是拖延不去。也許是因為內心不願承認真正的原因。

其實我的身體藉由月經失調、長痘痘、異常出血、痛苦的經前症候群一直在提示我，或許是我害怕承認自己的子宮出了問題。心想：應該不是因為子宮吧、怎麼會是賀爾蒙的問題呢、一定有別的原因啦……或許我至今為止在錯誤的地方花了太多不必要的錢、浪費了時間和情感。當我安靜地看著鏡子，一股無以名狀的醜惡衝動突然間沸騰了起來。太可怕了，我不能再這樣下去。

最終，我再次到婦產科，又再診斷出多囊性卵巢症候群，當我知道可以選擇用賀爾蒙藥物與止痛藥來控制我的賀爾蒙，我就像是個從禁錮中解脫的人一樣感到無比自由。我並不是生了什麼重病或身體有殘缺，只不過是因為賀爾蒙失調而經歷了任何人都可能發生的日常症狀而已。

透過服用賀爾蒙藥物，那些曾困擾我的所有症狀都逐漸

好轉，不過，痘痘當然沒有這麼快就能消失，雖比以前緩和了一些，但看著臉上不規則散落的紅色痘疤，我還是恨自己無法去愛那些疤痕。

有一天，突然有了轉變。然而，這突如其來的變化，就像是當我撐過了無數個極度煩惱和痛苦的夜晚，最後終於出現了一絲微弱的救贖曙光。夢想著渺茫的改變、盼望真理實現的那份心意，終能獲得回報。

正是秋高氣爽之時，碧綠河水潺潺流逝，氣候瞬息萬變，酷暑已經過去，冬天尚未完全來到，現在正處於季節轉換的過渡期。從前，我對去婦產科這件事一直推拖延遲，而沒有明確界線、介於夏冬之間的秋天就像那段被我無限推遲的時間一樣，停滯在原地。

就如同不祥預感和變化都是突然降臨到我的後腦勺，靈感也是在一瞬間就驟然出現。在看似永無止境的秋天尾聲，我看見卡車車斗裡堆積著高高聳起的暗灰色枯葉堆。那一刻，感覺像是原本遮住我視線的東西被揭開，眼前一切都清晰可見。

腳尖踩到地上混雜著淺棕色、青綠色和黃色的懸鈴木枯葉，傳來清脆的響聲，旁邊的柏油路上零星散落著乾枯的紅

色楓葉，一眼望不到盡頭的街道上點綴著青綠色落葉。我高高揚起下巴，仰望著天空，無法觸及的銀杏樹高處在陽光照射下熠熠閃耀著光芒。當我靜靜地仰望著反射燦爛光芒的楓葉時，突然茅塞頓開。

　　所謂的藝術史，不過是一段竭力追趕自然之美的歷史，這世上的一切事物都該在這悠久的大自然面前感到謙卑。我們經常會忘記，其實人也只是大自然裡的其中一份子。我邁

著蹣跚腳步走到一棵枝葉繁茂、搖曳生姿的銀杏樹前的長椅坐下。耀眼的金色光線傾瀉而下，我沐浴在陽光裡坐了幾個小時，第一次感覺到自己不單只是與自然建立連結，而是完美地融為一體了。我清楚感知到自己就是大自然，當下眼前出現幻覺，像是一層巨大的外皮從我身上剝落。

隨著微風飄揚的銀杏葉、掠過我腳邊的黑貓、一直在我周圍打轉的蒼蠅，以及我。意識到我們都是這個世界的一部分，這感受真是奇妙，就像是現在的我絕對無法看見這個坐在長椅上的自己一樣。從那之後，我開始覺得臉上冒出的紅色痘痘顯得如此可愛，這樣的轉變連我自己也難以置信，看起來宛如秋天的紅葉在我臉上盛放，這種顏色、這種大小、這種樣子的痘痘只會出現在我的臉上，構成了世上獨一無二的模樣。而且，每天的面貌都不一樣，時時刻刻都在不停變化，這專屬於我的樣貌是多麼獨特且美麗呀。

正如花開花謝、綠葉轉紅、落葉融入土壤再成為植物的養分，我終於明白，我的身體也隨著季節一同循環往復，努力地運轉並存在著。以此為起點，我不再認為自己的痘痘是一種病，也不再覺得非治癒不可，那只是我身體的一部分、我皮膚的一部分、我身分的一部分，我開始把長痘痘視為身

體發生的一種自然現象，不再把痘痘當成是外表的汙點，長著痘痘的我成為了新的自我認同，這是多麼美好的景象呀。

　　如果把實際上對健康沒有威脅的痘痘視為自然的身體循環而不是一種疾病，會是如何呢？如果我們不認為乾淨無瑕的皮膚才是正常狀態，會是如何呢？如果不把每個月都得承受的經前症候群和反覆循環的月經週期當成是要快點擺脫且治療的病程，而是接納它為生活的一部分以及自己的身分認同，會是如何呢？如果我不認為經期以外的日子才是正常期間，會是如何呢？人不會只有開心和幸福的感受，如果我承認憂鬱、痛苦、苦惱、難過都包含在我多樣且豐富的情緒之中，會是如何呢？如果不具有所謂正常的肌膚、正常的體型、正常的陰道、正常的子宮、正常的情緒和正常的性別，又該怎麼辦？

　　我發現自己決定開始寫月經日記時的初衷終於成真了，自從我明白了痘痘是再自然不過的生理現象而不是需要治療的疾病，我才終於能正面看待月經，進而正面看待自己的身體。我意識到那期盼已久的改變時刻早已像風一樣在某一刻颳過我心中，那是原以為遙不可及、不可能實現的革命性時刻，我終能肯定、接納、面對和愛我所有的身體部位。

愛我的身體就等於完整地愛我自己，而愛我自己就代表了愛我的憂鬱、喜悅、痛苦以及不完美，也意味著謙卑地接受自己別無選擇，能做的唯有擁抱眼前的命運安排。我會無條件的肯定自己，就算要不斷重來，就算人生要重新活過一次，就算要無限循環同一段歷程，也絲毫不後悔。

我期盼活在當下，有勇氣接受、承認、面對、直視那個不完美的自己，去領悟一個令人驚訝且敬畏的事實，那便是我在這世上獨一無二，並與這樣的自己約定好攜手共度此生。我再次站在鏡子前，對著自己不完美的臉安靜地看了許久。令人驚訝的是，我對這張臉和臉上的痘痘並不感到厭惡，那痕跡像是在證明我努力地存在著，所以很帥氣。那天，我第一次學會如何尊重我自己。

全然接納和肯定自己的身體，不等待別人來愛我的身體，沒有人比我更愛自己的身體，我就是自己身體的核心，這是女性所能謀求的最偉大的革命。作為長期被物化和他者化的女性身體的主體挺身而出，這是削弱父權社會對女性身體和性慾之壓迫的根本性改革。

女性都知道「視姦」（Eye rape）這個新詞從何而來，視線之中蘊含著權力，在地鐵裡、教室裡、咖啡館裡、大街上

緊盯著我身體的那些猛烈目光；藏在公廁和汽車旅館裡窺探我身體的那些攝影機；明明是對方露出生殖器，反而是我感到羞愧而想挖個洞躲起來的那些暴露狂；擔心自己會成為性犯罪的目標，而不得不總是審查自己的身體、言行舉止與目光的那些時候。

倘若女人在公眾場所不在意他人眼光，做出任性妄為之舉，一如那些老男人每天都在做的行徑，但主角換成女人就會被大肆撻伐。女人一直都只是無法擺脫他人視線的客體，從來不曾成為主體。成為我身體的主體，意味著成為我生命的主體；意味著女性不必把自己裝扮得完美等著被男人揀選，不必像籠中鳥一樣生活；意味著我不需要別人來檢驗我的生活是否走上正軌，也不必尋求他人的認可和評價，我可以自己思考、選擇、開拓我的人生；意味著我將會捍衛自己的尊嚴，並堅決果斷地挺身對抗任何損害我尊嚴的事情；意味著我相信自己是一個能夠在犯錯時隨時反思、改變和前進的人；這也意味著我能從一切禁錮中獲得自由。

我堅定地相信，肯定月經將會成為人類向前跨一大步的重要起點。

月經恐懼

　　從古至今，男人因為恐懼月經而編造出各種謠言的惡行歷歷在目，只要稍微查一下就能輕易知道在宗教及社會上排斥和嫌惡月經的歷史有多長。男人似乎把女人的經血認為是一種會殺死他們的可怕毒物或女巫毒藥。這也難怪了，畢竟每個月都從陰道流出深紅色血液，這是多麼詭異的事啊！而且，那血竟然孕育了他們，這是多麼不可思議的事啊！這是一個沒有子宮的人一生都無法體驗的未知領域。對他人的誤解往往建立在無知和恐懼之上，而男人對月經的厭惡感，其根源應該是一種更趨近於恐懼的感受。

我很久以前曾看過電影《戀夏 500 日》（500 Days of Summer），內容本身不是我喜歡的類型，整體看來實在既尷尬又幼稚，最後以老套結局收尾，總歸來說是一部浪漫愛情喜劇，記得當時我還在電影院裡捧腹大笑。但或許「天真」就是這部電影的力量所在，這也是一部伴隨我很久的電影。

　　電影一開始就以一句貶低女性的髒話「婊子！」拉開序幕，從開頭就把女主角夏天提出分手的原因歸咎於賀爾蒙和經前症候群，是一部充滿厭女情結的電影。尤其是男主角湯姆愛上夏天的過程，讓人看了很不舒服，甚至覺得很一廂情願。明明對夏天一無所知，湯姆卻能堅信那就是愛，這點我完全無法理解。不過，這部電影之所以讓我難以忘懷，主要是因為夏天的角色特質。

　　我記得這部電影是敘述夏天的故事，但故事從湯姆的視角敘述故事，因此有很多觀眾會片面地給夏天貼上「婊子」的標籤，對我來說，令我難忘的不是他們的關係或他們的愛情，也不是他們的宿命論，而是夏天這個女人，就只有她。我完全能與夏天共感，並將自己帶入那個角色，唯有從夏天的立場才能理解這個故事。我記得這部電影是夏天從不同人際關係中學習且成長的故事。那是我第一次在書籍和電影等

的流行文化之中找到一個與自己相似的角色，因此我無比感動。

夏天初次注意到湯姆是因為他在電梯裡聽史密斯樂團（The Smiths）的歌，那場景實在很像我會發生的事，讓我都起雞皮疙瘩了。因為我原本就喜歡史密斯樂團，也會因為這樣的契機而對某人產生興趣進而墜入愛河。

夏天與我的相似之處在於，我期望擁有的是一段輕鬆自在的關係，而不是嚴肅認真的交往。我相信人與人的關係無法簡單劃分為幾種領域，像是戀人或朋友。她的幽默密碼、她對愛情和宿命論的價值觀、她的性取向、不說「我愛你」而是說「我喜歡你」，甚至是生活品味都與我相似，所以光是看她就能讓我沉醉在這部電影中。

在影印室裡衝動地親吻湯姆、與湯姆一起去看電影而大哭，走出電影院卻突然提分手、說自己不相信愛情卻轉頭就嫁給另一個男人……這一切我都能完全理解，我無法理解的是那個根本不懂夏天的湯姆。夏天坐在餐廳讀王爾德的《格雷的畫像》（The Picture of Dorian Gray）時，有個男人前來詢問她關於書的內容，最後成了她的新郎，這對夏天來說是理所當然的事。湯姆曾經因為夏天喜歡披頭四的林哥‧史

達（Ringo Starr）而嘲弄她，顯出他也是一個有厭女症的男人。湯姆在與夏天分手之前，從未想過要嘗試去實現建築師的夢想，當他分享自己的建築夢並在夏天手臂上描繪建築物時，是夏天開始喜歡湯姆的轉捩點，這橋段頗耐人尋味，也許對夏天來說，湯姆的建築夢是一個重要的影響因素。

其實夏天並不難理解，她雖然既衝動且善變，但這一點也不奇怪，只因為她是一個「人」。女人也是人，她們有權跨越性別規範並獲得理解。電影裡的女性角色大多是極端的二分法，要不是善良好女人，不然就是壞女人，無聊至極，毫不意外。

在電影界，相較於男性角色，女性角色設定過於扁平且沒有深度，這點一直以來都為人所詬病。自從一九八五年「貝克德爾測驗」＊一詞出現至今，韓國電影界卻仍未見任何進步的跡象。這樣的現象不僅侷限於電影人物，現實生活中也是如此，與男性相比，女性的生活範疇在社會規範之下被限縮得非常狹窄且淺薄。那些被教育在生活中要無時無刻表現得「像個女人」的女性，因為長期以來努力讓自己符合社會要求的女性形象，而與真正的自己距離如此遙遠。而夏天

＊貝克德爾測驗：檢驗電影是否有性別歧視現象的測驗，評判標準是：片中至少有兩個女性角色、她們互相交談過、談話的內容與男性無關。

就只是做她自己，毫無掩飾。

有一個詞叫做「好女人情結」，意思是為了成為社會規範下的「好女人」而自我束縛的一種心理狀態。要是違反規範，那就成了一個「壞女人」，這就如同把女人分為「泡菜女」★和「概念女」★、「聖女」和「妓女」的二分法。倘若只有好女人和壞女人這兩種類別、倘若夏天是「婊子」的話，那我選擇當一個壞女人。

歌手李孝利在二〇一三年發行了一首名為〈Bad Girls〉的歌曲，雖然對一些歌詞有無法認同的地方，但我深深記得其中一句「電影裡女主角就像個天使，但旁邊那個壞女人卻更迷人」，為什麼壞女人更迷人呢？因為她更貼近人性。

人是不完美且善變的，有時極度情緒化、冷酷理性、分不清愛恨、自虐、把一切過錯歸咎於別人、偶爾會在公眾場合喝醉大哭、會讓別人吃虧，同時自己也受損、會讓別人受傷，也會被他人所傷。

與男演員相比，女演員沒有立足之地，無人能反駁這個事實。電影裡的男演員可以醜、可以瘦巴巴、可以過胖、可以長得帥卻扮醜、可以品行不良、可以被權力慾望蒙蔽雙眼

★泡菜女：形容會因為金錢與異性交往、經濟過度依賴對方的自私自利的女性。
★概念女：符合男性規範的女性形象。

而去犯罪、即便劈腿、搞不倫戀、嫖妓，也可以因為寂寞可憐而獲得原諒、甚至是強姦和謀殺，也可以因為有不幸的過去而被視為有正當性，就算是反社會者或精神病患也可以顯得迷人。簡而言之，男性角色是很立體的，而女性角色的形象卻很扁平，只有在電影裡才這樣嗎？現實中也是如此。身為一個女人，生活實在太無趣乏味了，因此，我決定從現在起要以「人」的身分活下去。

每個女人都應該活得更自私一點，你必須把自己放在第一優先。我說的並不是生活中關心照顧別人的那種層面，而是在人生的關鍵時刻，女性往往會做出讓步，應該說是不得不讓步。祖母那一代的女人為了讓弟弟上大學而去工廠當女工，母親那一代的女人隨著丈夫的工作而離鄉背井，而我們這一代的女人在工作與育兒之間被迫放棄了前者。輕易原諒那些出軌、嫖妓、私訊異性聊性話題的男人；遭遇約會暴力或跟蹤，卻因為不了解這是犯罪而容忍；即便被虐待也因為孩子而無法離婚；要對煩人的公婆有耐心；被母親羞辱也不能恨；把不照顧我的父親視為理所當然；傳統節日時，父親和弟弟坐大桌吃飯，母親和我得坐在小桌子旁吃，卻不能有怨言，因為女人就得如此。

女人在社會上要被升到某個高位時，卻被另一個條件更差的男人捷足先登，只因為他是男的，儘管如此也無法抗議。這一切都源於穩固的父權社會，單憑女性個人的力量無法突破，這讓我在人生的重要時刻只能沉默不語，因為一個女人要為不沉默及勇敢發聲付出的代價就是冒著生命危險。父權社會創造了一種結構，唯有善良、聽話、漂亮的女性才能生存下去，就像是寵物犬市場，只有可愛好看的狗才賣得出去。

　　那麼，女性在什麼時候即使表現不完美也沒關係呢？就是月經來的時候。男人對月經抱持的不明恐懼感正是源於此。因為月經既是最女性化的事情，同時也能讓女人進入非女性領域。女人在月經期間會變得敏感已是社會共識，這是一種偏見、歧視，同時也是一張贖罪券。

　　在經期，我們可以暫時擺脫社會要求的「好女人」標準、能夠理所當然地渴求性慾、允許情緒反覆無常，或是對失禮發言以「敏感」為由做出反擊。也許能以「歇斯底里」（Hysteria）來形容，而這個字也源自於希臘語的子宮（Hystéra），月經讓所有現象變得合理化。

　　一再提醒女人有子宮這一事實，雖然也讓厭女文化變得更穩固，但這是那些永遠無法理解女性的男人們所想出最合

理的解釋，而這樣的解釋源自於對子宮的恐懼。如同閹割焦慮（castration anxiety） 的理論，也一定存在著子宮焦慮，因為不具有子宮而感到焦慮及恐懼，害怕那些自己絕對不可能有的東西和不可能經歷的事情；害怕一個本該服從我的女人會因不順心就脫離我的掌控範圍；害怕一個本該像個寵物般溫順的女人居然擁有能決定生育與否的巨大自然力量。月經禁忌就是從這些恐懼開始的。

女人並不是因為擁有子宮所以善變，也不是因為月經來才變得歇斯底里，就只因為是人，僅此而已。跟這世上所有人一樣，我們都只是不可能完美無缺的普通人。當我們能夠擺脫性別二元論，不以性別區分女性，而是以一個人來看待，我們社會普遍存在的月經恐懼症便能獲得治癒。這是通往月經解放、進而婦女解放的唯一道路。

書寫月經日記

文學可以改變世界嗎？

在丟出這個大哉問之前，我想先談點別的。

文學可以改變我嗎？

當我二十歲進入韓國語文學系就讀時，對我來說最大的議題是「文學能否改變世界」。回答這個問題並不簡單，我經常陷入悲觀與空虛感之中，每當此時都以寫作抒發情感。其實，這世上有多少事物能夠改變世界？投身政治能改變世界嗎？成為大企業董事長能改變世界嗎？成為總統能改變世界嗎？

首先得釐清，何謂改變世界呢？政權更替？改變政策及改革憲法？改變文化習俗？又該如何評斷這樣的變化？我們能以看得見的物理特性來評斷世界的變化嗎？不，在那之前必須知道我想要什麼樣的改變？至少我能確定的是，我期望的改變不是那種所有人都有一致意見的具體改變。

　　我想對那些認為文學無法改變世界的人以及我自己提出一個問題。是什麼改變了世界？在這之前我們必須了解，你所說的世界是什麼？韓國政府？韓國社會？韓國文化？韓國以外的全世界？每個人的生活？以上皆是？人身為單一個體存在於世界，並從小個體延伸到廣闊世界，但這種線性理論不太能使我信服。對我來說，我就是世界，世界就是我，改變世界就意味著改變我的世界以及改變我自己。

　　什麼事物能改變世界？我認為這種問題太落伍且沒有什麼意義。世界不會因為一個人、一種想法、一種運動或一種政策而改變。在一切事過境遷之後，人們為了以某種方式理解世界而將一個人定為歷史人物或是發明某種哲學、宗教或思維來下註解，然後說因為有這些人事物才改變了世界，但這樣的評斷方式是錯的。事實上，世界總是不停變動，無論是歷史洪流、一個國家的政治和文化，或是個人的生活，改

變從未停息。

　　我要讓自己的生活往什麼方向改變，對我而言至關重要。而文學能夠改變一個人，能夠使我的生活起變化、能夠動搖我的意識體系、能夠摧毀我堅定的信念，也能夠重新打造新的價值觀。看書前的我與看完書的我，外表看起來一樣，但內在卻已是不同的人。所以，如果你問我文學可以改變我嗎，我會告訴你一個肯定的答案。而且我認為這個問題與「文學可以改變世界嗎？」並沒有太大的差別。

　　看書的人與不看書的人、寫作的人與不寫作的人之間，在本質上有顯著差異。藉由閱讀書籍可以窺見他人的人生，而透過寫作則能窺見自己的人生。

　　寫作也讓我誠實地面對自己，讓我懂得如何面對自己的羞愧、心理創傷以及各種醜惡的情緒，而不是選擇逃避，讓我直視自己最想隱藏的那一面，認真檢視我缺乏什麼、做錯了什麼，了解我抱持著什麼樣的恐懼、不安、嫉妒、嫌惡及防禦機制，細數我的傷口和我帶給別人的傷害，明白我有多討厭自己與他人。

　　經由這樣的過程，承認自己是一個如此不完美的人類，挖掘出自己的陰暗面，並且正面直視它，這使我感到超乎想

像的痛苦。然而，唯有透過在如此痛苦的狀態下寫作，始能透明地檢視自己，直到那時，我才能夠完整地愛我自己，別無他法。對我來說，寫作是讓我能夠愛自己的唯一方法。

書寫月經日記，讓我第一次開始學習與自己對話；開始努力和身體溝通並了解我自己；開始仔細審視自己的感受、有著何種價值觀和喜好；有任何不適就去醫院看病，開始常去婦產科累積自己的病歷；認真研究我自己，把與自己的關係放在第一優先。

儘管有時感到身心俱疲，但我知道我會是那個相信並等待自己到最後的人。我已經開始接納原本充滿厭惡的身體、痘痘與經前症候群帶來的憂鬱和痛苦，也開始正面看待月經。這麼做，讓我連帶地也能正面看待人生的各個層面。寫作改變了我，引領我到想去的方向，現在此刻，我也正朝向更好的方向前進。

我時常希望能夠記錄女性經歷與發明女性用語，或許我的月經體驗就只是一種個人感想，不具太大意義，但我知道這些體驗也能為某些人帶來慰藉與勇氣，我也明白，長久以來，女性一直認為微不足道而閉口不談的個人體驗，終歸會

改變女性的生活、改變這個世界。

　　因此，讓我們開始書寫月經日記吧！它可以是詳細記錄身體變化的日誌形式，也可以用日記形式寫下在非經期與經期特殊體驗中分別感受到的情緒變化，也可以藉由書寫日記的過程，回溯畢生記憶去找出自己厭惡月經的源頭。你可以將月經日記發布在部落格或社群網站上，可以寫成書出版，或是只把它當作一本祕密筆記本。無論是以何種形式，書寫

月經紀錄是重新找回女性在過去被剝奪的身體發言權之行為，其中帶有政治意涵，並具有能改變我與身邊所有女性的驚人力量。

我相信能夠藉著寫作與闡述故事打破這個社會的月經禁忌和厭女文化，我相信能夠消除附加在月經這個詞和女性生活上的打壓與嫌惡的陰影。我們要打破可恨的厭女症、推翻那個打壓女人的男人王國。闡述一個人真實的生活內容，這樣的故事本身就會成為自由的種子。月經是一再確知自己身為女人的一種直接體驗，是只有女性才會有的獨特經歷。若不正面看待月經、不根除月經禁忌，更談不上女性解放。終歸來說，女權主義是一場想法和語言的鬥爭，所以，記錄我所有的想法和經歷非常重要。

每個人都寫下自己的月經日記吧，透過書寫月經日記，我們將會真正去愛自己的身體，其中蘊含著驚人的力量。因為從前的社會不允許女性愛自己的身體，這個社會認為對女性最嚴重的侮辱是詆毀長相，外貌成了女性最重要的條件，如果在這個社會長大的女性能夠肯定並愛護自己的身體，那麼龐大的父權體制軸心馬上就會崩塌。

藉著正面看待我的月經和身體，我有了改變，我看世界的角度也起了變化，而我的世界也隨之不同。因此，我希望有更多女性對於月經有不同的聲音，我們必須提高音量、引起爭議，我們必須迎戰那些試圖傷害、迫使我們閉嘴的人。

如果你真心愛自己，就必須這麼做。我夢想中的社會是，每個女人的不同經歷、不同生活方式、不同選擇都能得到尊重和認可。而這個社會的起點，將從今天的我以及與我並肩作戰的女性們開始。

流血的我們

　　耳邊聽見震入心肺的音樂聲，空氣中瀰漫嗆鼻的香菸煙霧，眼前是快把我閃瞎的刺眼燈光，周圍充滿攻擊性的視線和動作，身處其中讓我感到既陌生也惶恐。實在難以適應現場氣氛，我和朋友四處張望，拿著手機待了幾分鐘，最終還是無法融入人群，於是逃往廁所。

　　進到夜店，就像在完全沒有防護裝備的狀況下被丟進危險的戰場，女廁就是唯一的避難區，宛如安全舒適的洞穴。許多女性在這裡一邊補妝、整理服裝，一邊閒聊，我原本以為這些人都互相認識，但沒過多久就發現其實她們是素未謀

面的陌生人。在這個空間裡，只因為同為女性這個理由，她們宛如親姊妹般地聊著親密無間的話題、互相分享物品。

從我逃進廁所的那一刻起，就感受到了一種溫暖的安全感和夥伴感，彷彿在母親子宮裡受到保護似的感覺。醉了的女人緊緊擁抱著另一個不認識的女人，亢奮的女人把自己的口紅借給廁所裡每個人使用，到處都可以聽到有人在說：「姊姊好漂亮」、「姊姊人真好」、「謝謝你」、「我愛你」。

當我排隊等著上廁所，聽見隔間裡的人問有沒有衛生棉，那瞬間，每個排隊的女人都開始翻包包，最先找到的人迅速把衛生棉從門下遞進去之後，所有女人都鬆了一口氣。「姊姊，你有衛生棉嗎？你有棉條嗎？」雖然素不相識，但在這裡問這問題也顯得再自然不過。

不管是在夜店廁所、學校廁所、公廁，甚至是路上，只要有人這麼問我，我絕對會盡力幫忙。而當我需要衛生棉或棉條的時候，我也會毫不猶豫地會向不認識的女性尋求幫助，這就像女性之間一種不言可喻的默契。在我意識到夜店充滿了厭女文化後，就沒有再去了，但在那間廁所裡發生的事，卻深深印在我腦海裡，令我難以忘懷。

最近我初次買了月經杯，由於對月經杯一無所知，原本

應該要先徹底做功課，但我是那種總之先做再說的人，就依照說明書上寫的那樣硬塞入陰道裡。想當然耳，一開始無法順利塞進去，在放入和取出月經杯的過程中，我吃足了苦頭，最後決定還是到網路上查一下。令我驚訝的是，我獨自苦惱奮戰的所有問題，網路上輕易就能找到解答。

許多女性在部落格、YouTube頻道和社群網站上真實且詳細地記錄下自己的經驗，不掩飾自己的長相和身分，公開分享月經杯的資訊以及使用心得，留言底下那些無腦的惡評與攻擊，對她們來說皆不構成阻礙。這在幾年前是根本不可能發生的事情，從前連月經都難以直呼其名，而現在的我們到底發生了什麼樣的變化？

當我仔細閱讀那些出現在部落格、YouTube頻道、各種社群網站和報導裡眾多女人所傾訴的故事，令我熱淚盈眶，就像看著新生的女性用語逐漸往上積累的歷程。當一個女人決定不隱瞞自己的故事且向外發聲時，其他女性報以真摯回應，就這樣，我們豐富多彩的經歷獲得了強大力量，勢不可擋地蔓延散布開來。

正如我之前多次提及到的，女權主義是一場想法的鬥爭，而語言和故事具有強大力量。我們必須不斷地將女性的

想法、語言及故事添加到這個曾抹滅女性存在的世界，你必須能夠勇敢地公開講述那些原本認為僅是個人經驗而閉口不言的故事，而這份勇敢源自於明白自己並不孤單。我會為自己而戰，而各自為了生命而戰的所有個體，最終將成為彼此的勇氣。我能改變世界嗎？別再問這種陳腐的問題，我能改變自己嗎？我該如何改變？現在，我想要不停反覆問自己這個問題。

雖然我一再呼籲女性不要再懷疑自己，要堅定地相信並愛自己，但其實，懷疑是一種不可或缺且有所助益的哲學工具。對世上被視為理所當然的既定規則保持懷疑且提出問題，這是非常重要的態度。然而，時至今日，女性都只把懷疑的箭頭指向自己，從未指向外界。

我想說的是，可以稍微改變一下質疑的方向，一直以來只對自己追根究柢的我們，可以試著把指著自己的手指改往外指。女性在社會中被貶低打壓太久了，甚至忘了如何與自己對話，現在可以試著從客體的位置離開，站在另一邊看看。重要的是，你是否能夠判斷對自己的懷疑與質疑是基於主觀判斷抑或是在父權體制洗腦之下的煤氣燈效應。這是一種合理懷疑世上所有一切並能區分出自身聲音與他人聲音的

能力。即便女性一直以來在社會中都是被質疑的對象，但同時也是一個有權以自主意識去質疑自己和世界的人。

　　舉例來說，生活在以異性戀為主的社會，我們得要試著去驗證原本以為是愛情的那種情感是真實的嗎。會因為對方是異性，所以誤將友情認為是愛情嗎？會因為對方是同性，而以為這只是友情而不是愛嗎？我所憧憬的（浪漫）愛情究

竟本質為何？是否也是社會文化所建構和植入的意識形態？在父權體制下，女性長久以來都錯將暴力和煤氣燈效應認為是愛。

想來有點可悲，但我們必須質疑自己所有的慾望、品味、價值觀、思想、語言習慣、美感以及笑點，必須釐清這是我自己的慾望，還是他人（男人）投射在我身上的慾望。當我們踏入並站在男性世界時，必須重新審視根植於所有社會規範中的厭女文化，透過固執且強烈質疑的過程，我們將逐漸走向另一個世界。不過，就算我質疑這世上的所有一切，我也從不懷疑自己的可能性。我相信自己可以成為任何我想要的樣子，沒有人能決定我的極限。

相信自己與無條件支持自己這兩者之間有點不同。前者是承認自己並不總是對的，即使如此依然相信我是個會往更好方向改變的人。愛自己也不同於無條件的愛，這與自戀不同，在愛中，有愛情、憎恨、憤怒、悲傷和痛苦。愛自己意味著我可以全然面對並擁抱自己的羞愧與不完美，為了成為更好的我，能夠努力鞭策自己。懂得如何愛自己，也會懂得如何去愛人。我相信，當這樣的個體聚在一起，集結各自愛的力量，最終一定能推翻父權體制。

為了重新打造我能夠站立的一席之地，就必須摧毀一些東西，那可能是因長期積累之下結構穩固卻有如貧瘠土壤般充滿缺漏的父權體制，也可能是我內心深處的厭女症。在那些東西崩塌的同時，我們會用初長成的手從零開始打下女性土壤的基礎，與其他女性一同克服層出不窮的問題。

　　月經對每個女人來說都是一種獨特的體驗，唯有當我學會尊重這一切經歷，我的生活才能得到尊重。我認真思考過自己心目中理想的世界是什麼模樣，但我想要的似乎僅僅只是做我自己並得到尊重。我盼望看到的改變是每個人都更加寬容與敏銳，對他人的痛苦更加敏感，為受傷的人設身處地著想。而我期許自己改變的方向也是如此，願我能得到他人的尊重，也願我能夠懂得尊重他人。我相信，真正的個人主義（Individualism）並不是與團結背道而馳，這是因為，超越我個人層次的寬容和大愛，終究還是以我為起點。

　　我們現在正處於婦女團結最為關鍵的時刻，無論相隔多遠、年紀大小，女性永遠都有能彼此共有的記憶，而其核心便是我們的血液。我們必須尊重、支持並分享各自的月經體驗，正因為我們知道，曾被視為是女性個人感受而微不足道的月經體驗，能夠帶給其他女性驚人的勇氣並引發共感，而

我透過本書想傳遞給世人的訊息是，女性個體擁有的敘事能力，以及集結了這些個體後，能聚合成強大的團結力量。

我經過這番歷程，學會了正面看待月經和身體並懂得去愛自己，希望我的渺小改變可以無限擴大，乘著壯闊的革命之風擴散開來。為了迎來那一天，我將日記運到書店，我們瑣碎的聊天內容也搬到檯面上公開討論，我們那些被置若罔聞、視而不見、置之不理的微弱聲音，終能以不可忽視的宏大聲量震撼世界。而這樣的改變已拉開序幕。現在，此刻，就從我開始。

因此，我想對這些能夠毫不猶豫遞出衛生棉和棉條的女性們說，讓我們正視自己正在流血的身體吧！身為以血相連的美好種族，讓我們以自己為榮吧！讓我們支持彼此多樣化的生活並牢牢記在腦海吧！讓我們一起對抗試圖打壓我們的勢力吧！絕對不要失去希望！可以向後、向旁邊看，但務必要向前走！一再提醒自己，我們並不孤單，革命尚未成功，未來還要繼續前進。

　　鬧鐘在早上九點響起，我設定每五分鐘再響一次，一路響到九點半我才終於從床上爬起來。睡眼惺忪地走向廁所，鏡子裡的自己是如此可愛，剪短的頭髮隨性亂翹，我伸手揉了揉後腦勺，還不太適應這種扎手的觸感。因為自己是圓臉，之前一直害怕剪短髮，原本以為自己會留一輩子的長頭髮。

　　看著鏡子裡那張無所遮掩的臉，我開始沖澡，原本洗澡得花三、四十分鐘，剪短髮後，時間縮短了一半，只需要十五到二十分鐘。洗完後，我用毛巾粗略擦了擦頭髮，然後在臉上抹乳液，最後再擦些防曬乳就結束了，大概只花了五分鐘吧，我以前的化妝時間是一小時。塗上護唇膏，我對著鏡子裡的自己微笑。那些散落在臉上的痘疤，從前總是急於用化妝品遮蓋，現在已成了我的一部分，若是消失了，可能還會有點失落。

拉開抽屜，拿出內褲，我早就把那些每次都會留下明顯鬆緊帶痕跡的緊身女用內褲都丟了，取而代之的是寬鬆的男用四角內褲，穿了就跟沒穿一樣舒適。我猜月經應該就在這幾天會來，於是拿出了家裡所有的生理用品，有點貴但確實能緩解經痛的某牌有機衛生棉、經煮沸消毒後收進袋中的月經杯、不常用的棉條、睡覺用的夜用型衛生棉，這次經期要用哪個呢？目前我還無法只單用一種產品，但我在想是否真有這必要。以前，當我只使用衛生棉的時候，我從未深入思考關於生理用品的問題，覺得經期不適是每個人都得忍受的事情。

　　現在是夏天，在穿衣服的時候會特別在意上衣，這是我決定不穿胸罩後迎來的第一個夏天，真的太悶熱了，實在沒辦法穿胸罩。曾有一次當我套上一件白 T 恤後，默默又拿起胸罩穿上身，出門後，胸悶得讓我受不了，就在外頭脫下來直接丟了。之前也曾貼過胸貼，但一整天下來，胸貼脫落的次數多到數不清。

　　我隨意套上一件稍厚的短袖 T 恤，裡頭什麼也沒穿，乳頭部位顯得突出，一眼就能看出沒穿胸罩，就這樣出門的話，應該又會受到很多注目吧，雖然害怕，但我的心志很堅

定。一開始，我會在裡面穿背心或是披上短袖襯衫，不過現在這麼熱，我完全不想這麼做。當我不穿胸罩出門，許多年長的男性會盯著我看，不禁讓我感到恐懼，每當我安全地越過他們之後，我都會為自己的平安無事感到慶幸。

即使如此，我也不會為了要避開這些視線而遮掩我的身體，該走的路還是照走。那些男人下次看到另一個不穿胸罩的女人時，就不會再像今天一樣震驚，為了那個女人，我今天也會不穿胸罩出門。

我會穿寬鬆且通風良好的褲子，以前穿短褲的時候，總是很在意腿毛，會認真把毛都除乾淨。某次沒有事先除毛，早上出門前急著用刮鬍刀刮腿毛，結果弄得到處都是傷口，現在呢，我連刮鬍刀放哪去了都不知道。我會穿運動涼鞋，從前我對自己個子不高感到自卑，所以總是穿高跟鞋，腳經常抽痛且疲憊不堪，當時我以為原因在於鞋子的品質不好、因為自己腳太寬所以腳的小指甲才會常裂開。現在，我知道自己是一個能夠走很久且體力很好的人。

從起床到出門，準備時間不到半小時，以前至少要一個小時起跳。不必在地鐵上化妝，所以有大把時間，我拿出包裡的書開始閱讀。不放化妝品的包包輕了不少，多放幾本書

進去也沒關係。每次靠站停車，牆上螢幕閃過的各種廣告對我一點吸引力也沒有，因為我不化妝也不整形，所以那些廣告完全無法打動我。當我不再遮掩身上令我自卑的地方，而是大方展露，我反而變得非常愛自己的身體。我拋下許多東西，帶著嶄新且輕盈的身心，前去赴朋友的約。

我決定要寫這本書，雖是為了我自己的改變，但更重要的原因是，我希望將這些故事分享給我的朋友們，也因為我有許多話想傳達給在這社會當中無數個因自我厭惡而使人生從指縫間流逝的女人。在這偌大的社會中，我能做的事情或許看來非常渺小且微不足道，但是，只有我能改變我的世界，而且能改變我的人也只有我自己。

我們擁有無可限量的潛力，甚至比這個社會都還要浩大，強大得連我自己都害怕的無限力量。我們的真誠故事不斷累積，總有一天，定會開啟一個出乎意料的嶄新世界。

在此鞠躬感謝所有樂於分享自身故事的朋友，沒有他們，不會有這本書。還要感謝與我一同愉快地研究女權主義的Podcast節目《好鬥的母雞》、中央大學韓語文學系的同學和學弟妹，以及來自韓國、加拿大、美國、荷蘭的受訪朋友們。最要感謝的是，在過去n年裡反覆流血、歷經痛苦的我的身體。

闔上這本書，漫長且乏味的戰鬥又再度開始。不過，我們所有人都會在你身邊，無論你是否已覺醒或仍在躊躇不前，你都是女權主義者。每個人都希望不因自己身為女性而受到歧視、希望擁有選擇的自由、希望尊嚴受到尊重。為此，我想留住我們苦痛且珍貴的記憶，投身於比以往都更為艱困的戰場。為了已在戰場奮戰的人，也為了隨我其後參與戰鬥的人，更是為了我自己，我將努力發出響徹雲霄的聲音。而最後，我想感謝與我一同邁出第一步的你。

　　　　　　　　　　　　　　　　　　吳玧周

優生活 195

對，我月經來了

100 個女生有 100 種經期，直面身體的誠實對話

作　　　者——吳玧周
翻　　　譯——林謹瓊
副 主 編——朱晏瑭
封面設計——鄭佳容
內文設計——林曉涵
校　　　對——朱晏瑭
行銷企劃——蔡雨庭

第五編輯部總監——梁芳春
董 事 長——趙政岷
出 版 者——時報文化出版企業股份有限公司
　　　　　　108019 臺北市和平西路 3 段 240 號
　　　　　　發 行 專 線—(02)23066842
　　　　　　讀者服務專線—0800-231705、(02)2304-7103
　　　　　　讀者服務傳真—(02)2304-6858
　　　　　　郵　　　撥—19344724 時報文化出版公司
　　　　　　信　　　箱—10899 臺北華江橋郵局第 99 信箱
時 報 悅 讀 網——www.readingtimes.com.tw
電 子 郵 件 信 箱——yoho@readingtimes.com.tw
法律顧問——理律法律事務所 陳長文律師、李念祖律師
印　　　刷——勁達印刷有限公司
初版一刷——2022 年 12 月 9 日

定　　　價——新臺幣 390 元
（缺頁或破損的書，請寄回更換）

時報文化出版公司成立於 1975 年，並於 1999 年股票上櫃公開
發行，於 2008 年脫離中時集團非屬旺中，以「尊重智慧與創
意的文化事業」為信念。

ISBN　978-626-353-168-0　　Printed in Taiwan

對,我月經來了：100個女生有100種經期,直面身
體的誠實對話/吳玧周著；林謹瓊譯. -- 初版. -- 臺
北市：時報文化出版企業股份有限公司, 2022.12
面；　公分
ISBN 978-626-353-168-0(平裝)

1.CST: 月經 2.CST: 女性主義

544.52　　　　　　　　　　　　　111017993